José Micaelson Lacerda Morais

O problema da renda em Smith, Ricardo e Marx

Considerações contemporâneas

Copyright © José Micaelson Lacerda Morais, 2021

Capa

José Micaelson Lacerda Morais

Diagramação

José Micaelson Lacerda Morais

O problema da renda em Smith, Ricardo e Marx + considerações contemporâneas / José Micaelson Lacerda Morais. Crato-CE: *Independently Published*, 2021.

1. Economia política 2. Smith 3. Ricardo 4. Marx

ADVERTÊNCIA AO LEITOR

Este livro constitui um de três ensaios produzidos, entre os anos de 2020 e 2021, e publicados posteriormente em conjunto com o título de "Renda, Lutas de Classes e Revolução".

"A indústria e a agricultura em grande escala, exploradas de modo industrial, atuam de forma conjunta. Se num primeiro momento elas se distinguem pelo fato de que a primeira devasta e destrói mais a força de trabalho e, com isso, a força natural do homem, ao passo que a segunda depreda mais diretamente a força natural da terra, posteriormente, no curso do desenvolvimento, ambas se dão as mãos, uma vez que o sistema industrial na zona rural também exaure os trabalhadores, enquanto a indústria e o comércio, por sua vez, fornecem à agricultura os meios para o esgotamento do solo."

Karl Marx, capítulo 47 do livro III de O capital.

Sumário

1. Introdução 7
2. O problema da renda em Smith 13
   2.1. A renda e suas representações 17
   2.2. O iluminismo de Adam Smith 24
3. O problema da renda em Ricardo 37
4. O problema da renda em Marx 49
   4.1. Aparência e essência da renda 52
5. Comentários contemporâneos 61
6. Referências 87

1. Introdução

A Economia é mesmo uma ciência curiosa. Quanto mais "científica" um conjunto de seus pensadores procura torná-la, menos ela se mostra capaz de ultrapassar a superfície dos problemas econômicos reais, ou seja, quanto maior o grau de abstração alcançado pela mesma, maior, também, parece ser o grau de superficialidade de suas explicações sobre os fenômenos econômicos reais. Porém, o mais grave é observar que quanto maior o grau de sua autonomia, maior, também, o distanciamento daquilo para o qual deveria contribuir; uma sociabilidade e uma civilidade mais humanizadas do que monetizada. Esclarecendo que entendemos por civilidade questões mais relacionadas sobre comportamento e atitude dos sujeitos sociais, e por sociabilidade, a habilidade destes de interagir com outras pessoas de forma agradável e produtiva.

É como se existisse uma verdade científica e uma verdade social. A verdade científica se fecha em si mesma e os donos dessa verdade, os cientistas, formam uma classe à parte da sociedade e, muitas vezes, até de seus pares; a inclusão e o reconhecimento nesse campo é como que um privilégio, depende mais de o sujeito aceitar o que é verdade, por determinado grupo de pesquisa, que a importância própria de sua pesquisa, por exemplo, – algo como se a ciência tivesse vida própria independente do pesquisador. Nesse contexto, a verdade social, como realidade existente, parece não fazer diretamente parte da verdade científica.

No caso da Ciência Econômica, muitas vezes a verdade social apresenta-se até como que um desvio da teoria. Quando tal fato corresponde mais a uma distopia resultante das implicações alienadas e alienantes dos processos de expropriação, exploração e dominação, implicadas na naturalização da distribuição da renda total da sociedade entre salários, lucros-juros e aluguéis. Assim, a teoria econômica encaminhou-se no sentido de dar ao mercado o caráter de um mecanismo necessário e suficiente que a tudo explica e, no qual, nele tudo se resolve; um mecanismo criado pela sociedade, mas que ao mesmo tempo prescinde dela, pois basta-se a si mesmo. E se algo está errado com a sociedade é pela falta de mercado; como se o processo de acumulação de capital não tivesse implicações sobre os processos e as relações sociais reais, ao reproduzir de forma perpétua capitalistas, de um lado, e trabalhadores assalariados, de outro, assegurando também dessa forma a reprodução de relações sociais de exploração e expropriação do trabalho social.

O problema da renda do qual trata esta parte livro insere-se na contradição acima delineada. Todavia, há uma certa confusão sobre o tema "renda". Geralmente, quando se fala do termo, no contexto da economia clássica e da economia marxiana, o relacionamos diretamente a questão da renda da terra. Embora, incialmente, o problema da renda tenha sido proposto dessa forma, ele apresenta uma dimensão muito maior, da qual a renda da terra constitui-se apenas uma fração. Tal problema, como ficará claro ao longo do texto, diz respeito a própria forma de sociabilidade e civilidade estabelecida no e pelo capitalismo.

O problema, na sua forma clássica, foi proposto pela primeira vez por Ricardo, no prefácio de seus "Princípios de economia política e tributação", publicado, em 1817. Para ele, o problema da renda está relacionado a formulação de uma "verdadeira teoria da renda", coisa que seus antecessores ("Adam Smith" e outros "competentes autores") não tinham alcançado. Essa "verdadeira teoria da renda" somente havia sido delineada por Malthus e um "membro do *University College*" de *Oxford*. E, somente, a partir dela, segundo Ricardo, foi possível formular um conhecimento possível para "[...] entender o efeito do progresso da riqueza sobre os lucros e os salários, ou ainda acompanhar satisfatoriamente a influência dos impostos sobre as diferentes classes da sociedade [...]" (RICARDO, 1982, p. 39).

Ricardo, ao tratar a "questão econômica" como um problema de renda, submeteu os problemas da produção ao problema da distribuição. Mas, a distribuição para o autor já se apresenta como um dado, pois reflete as relações entre renda da terra, lucro e salários, correspondentes, respectivamente, as três classes da sociedade, o proprietário da terra, o dono do capital e os trabalhadores assalariados. Ricardo trata, assim, a consequência como causa, e dá a uma certa configuração da distribuição, aquela que favorece o lucro, o caráter de ser a única forma racional de funcionamento da economia. Ao naturalizar os rendimentos em salário, lucro e renda da terra, ele também naturaliza a sociedade capitalista e justifica sua forma de sociabilidade/civilidade. Neste aspecto, Ricardo apenas reafirma a solução distributiva de Smith.

Todavia, o ponto de partida do problema da renda não está na esfera da distribuição, está no trabalho como fonte de valor, como elemento que transforma a natureza em utilidades sociais. Smith, de forma acertada, identificara a renda como "dedução do trabalho", que surge a partir do momento em que a terra se torna propriedade privada. Nesse sentido, o problema da renda se relaciona ao da apropriação privada do valor social do trabalho. Portanto, o problema da renda vai muito além do tratamento dado também por Ricardo, para o qual ele está basicamente relacionado ao aumento da participação da renda da terra como elemento desestabilizador do lucro capitalista.

Qualquer sociedade para existir produz valor, pois para tanto o trabalho humano transforma a natureza em utilidades sociais. A reprodução e expansão de uma sociedade exige a produção de um excedente sobre o valor necessário para suas necessidades. A forma como a distribuição desse excedente (valor e do mais-valor no capitalismo) acontece depende das relações sociais que os indivíduos estabelecem entre si no processo de produção.

Na base da sociedade fundada nas trocas mercantis (capitalismo) está a divisão da sociedade entre os proprietários dos meios de produção e subsistência e os proprietários exclusivamente se sua própria força de trabalho. Nessa sociedade, o valor e o mais-valor, sendo resultado da força de trabalho social posta em movimento, são apropriados de forma privada; visto que o objetivo econômico de tal configuração social é a produção pela produção e a acumulação pela acumulação, sendo o atendimento das necessidades sociais como que apenas um efeito colateral da concentração de renda e riqueza, que tal sistema proporciona. A riqueza da produção social serve não a sociedade como um todo, mas, unicamente, aos proprietários dos meios de produção, enquanto grande parte dos trabalhadores assalarias gastam tudo o que ganham apenas para garantir sua reprodução como força de trabalho. Embora não pareça uma forma de sociabilidade/civilidade viável, o capitalismo historicamente se mostrou uma forma social dominante, do ponto de vista de sua existência, reprodução e expansão, ainda que de modo contraditoriamente desigual, excludente, discriminatório e eivado de conteúdos bélicos e imperialistas. Para tal feito foi preciso que desenvolvesse uma forma de justificar a apropriação privada da produção social como uma forma natural de existência e reprodução civilizacional.

A teoria econômica, à exceção de Marx e de sua tradição teórica, contribuiu e tem contribuído de forma decisiva para justificar uma forma de sociabilidade injustificável: da naturalidade da repartição do valor da produção social (renda gerada pela força de trabalho social), entre lucro-juro, renda da terra e salário. Assim, o problema da renda deixa de ser uma questão meramente distributiva e passa a fazer parte da forma como se dá o processo de produção de valor e de mais-valor, a partir das relações sociais que os sujeitos sociais estabelecem entre si no processo material de produção.

O nosso ponto de partida está em Smith e Ricardo e o nosso ponto de chegada está em Marx. Somente ele conseguiu compreender, através do método do materialismo histórico-dialético, a essência do problema da renda no capitalismo. Após analisarmos o problema em

Smith e Ricardo, apresentamos as considerações de Marx sobre o tema, que estão no livro III de "O capital". De forma específica, analisamos a seção VII, "Os rendimentos e suas fontes".

2. O problema da renda em Smith

Smith, na introdução da Riqueza das Nações, destacou que o objetivo dos quatro primeiros livros de sua obra era explicar em que consistia e qual era a natureza da "receita ou renda do conjunto do povo" (SMITH, 1996, p 61). Este é o primeiro sentido de renda utilizado pelo autor e se aplica ao rendimento gerado pelo conjunto dos fatores produtivos na forma de uma receita anual. Ele explica que:

> [...] o preço ou valor de troca de todas as mercadorias que constituem a renda anual completa de um país – considerando-se as mercadorias em seu complexo total – deve decompor-se nos mesmos três itens, devendo esse preço ser dividido entre os diferentes habitantes do país, ou como salários pelo trabalho, como lucros do capital investido, ou como renda da terra [...] Salários, lucro e renda da terra, eis as três fontes originais de toda a receita ou renda, e de todo valor de troca. Qualquer outra receita ou renda provém, em última análise, de um ou de outro desses três fatores [...] (SMITH, 1996, p. 105).

O segundo sentido de renda aparece quando Smith explica a apropriação privada da terra. Nesse momento a renda apresenta-se como uma "permissão" para que os indivíduos possam apanhar os bens naturais da terra: "[...] a madeira da floresta, o capim do campo e todos os frutos da terra, os quais, quando a terra era comum a todos, custavam ao trabalhador apenas o trabalho de apanhá-los, a partir dessa nova situação têm o seu preço onerado por algo mais [...] e deve dar ao proprietário da terra uma parte do que produz [...]" (SMITH, 1996, p. 103).

Assim, nesse estágio, essa renda constitui um dos componentes do preço. Este, para Smith, por sua vez, é resultado da quantidade de trabalho que ele pode comprar ou comandar; o valor real. Portanto, é o trabalho que mede os diversos componentes de preço: "[...] mede o valor não somente daquela parte do preço que se desdobra em trabalho efetivo, mas também daquela representada pela renda da terra, e daquela que se desdobra no lucro devido ao empresário" (SMITH, 1996, p. 103). Dessa forma, a renda é extrapolada para toda e qualquer propriedade; apresenta-se como uma receita que se obtém pelo uso da propriedade do trabalho (renda como salário), do patrimônio ou capital (lucro), terra (renda fundiária), e dinheiro (juro).

> No preço do trigo, por exemplo, uma parte paga a renda devida ao dono da terra, uma outra paga os salários ou manutenção dos trabalhadores e do gado empregado na produção do trigo, e a terceira paga o lucro do responsável pela exploração da terra. Essas três partes perfazem, diretamente ou em última análise, o preço total do trigo (SMITH, 1996, p. 103-104).

O desenvolvimento da manufatura altera a proporção da participação de cada um dos fatores acima mencionados na formação do valor e, consequentemente, do preço. Nesse sentido, "[...] a parte do preço representada pelos salários e pelo lucro se torna maior em comparação a que consiste na renda da terra [...] (SMITH, 1996, p. 104). Como os salários variam sempre em torno do *salário natural*, a parte reservada ao lucro deve ser sempre maior. Além disso, o volume do lucro cresce mais que proporcionalmente porque o "lucro subsequente" é maior que o anterior, visto que o capital que o provêm deve também ser sempre maior. No limite, existe um conjunto de mercadorias, nas sociedades mais desenvolvidas, em que o preço consiste basicamente dos salários do trabalho e dos lucros do capital. Todavia, para Smith, em última análise, o preço total de uma mercadoria deve constar dos três fatores: "[...] visto que tudo o que restar desse preço total, depois de pagos a renda da terra e o preço de todo o trabalho empregado em obter a matéria-prima, em fabricar a mercadoria e levá-la ao mercado, necessariamente será o lucro de alguém [...]" (SMITH, 1996, p. 105).

Conforme, ainda, Smith, uma economia desenvolvida é marcada pela perda de exclusividade das mercadorias baseadas somente em trabalho. Nela, o lucro e a renda da terra contribuem em larga escala para compor o valor de troca da maior parte das mercadorias. Essa composição do valor de troca permite "[...] comprar ou comandar uma quantidade de trabalho muito maior do que a que foi empregada para obter, preparar e levar essa produção para o mercado [...]" (SMITH, p. 107), ou seja, possibilita a produção de um excedente econômico. A forma de utilização deste, por sua vez, é que determina as alternativas de uma sociedade: aumentar, diminuir ou manter a produção anual do período seguinte.

> [...] Se a sociedade empregasse todo o trabalho que pode comprar anualmente, já que a cada ano aumentaria consideravelmente a quantidade de trabalho, a produção de cada ano teria um valor muito superior ao da produção do ano anterior. Entretanto, não existe país algum em que toda a produção anual seja empregada na manutenção dos trabalhadores ativos. Em toda parte, os ociosos consomem grande parte desta produção. De acordo, pois, com a diferentes proporções em que a produção anual é a cada ano dividida entre ativos e ociosos, o valor comum ou médio dessa produção deverá, de um ano para outro, aumentar, diminuir ou permanecer inalterado (SMITH, 2016, p. 107).

Smith, então, separou o preço das mercadorias em *preço natural* e *preço de mercado*. O primeiro composto por uma taxa comum ou média para os salários, para lucro e para a renda da terra, que existe em cada sociedade. Taxa que é regulada, por um lado, pelas circunstâncias gerais de uma sociedade (riqueza ou pobreza, progresso), e por outro, "pela natureza específica de cada emprego ou setor de ocupação" (SMITH, 1996, p. 109).

> Quando o preço de uma mercadoria não é menor nem maior do que o suficiente para pagar ao mesmo tempo a renda da terra, os salários do trabalho e os lucros do patrimônio ou capital empregado em obter, preparar e levar a mercadoria ao mercado, de acordo com suas taxas naturais, a mercadoria é nesse caso vendida pelo que se pode chamar seu preço natural (SMITH, 1996, p. 109).

O preço natural funciona como uma referência para o funcionamento de uma determinada atividade econômica. Se ele se realiza no mercado ele não garante lucro, mas representa o menor preço de venda de uma mercadoria que pelo menos garante que um negócio possa existir: "[...] é como que o preço central ao redor do qual continuamente estão gravitando os preços de todas as mercadorias [...]" (SMITH, 1996, p. 111-112). O preço efetivo (preço de mercado) pelo qual a mercadoria é vendida pode corresponder ao preço natural, ser maior, ou ainda, menor que esse, dependendo da demanda efetiva existente.

2.1. A renda e suas representações

Em Smith, a representação da renda aparece como uma dedução do produto do trabalho. As suas representações estão relacionadas à utilização dos fatores produtivos. No caso da terra, "[...] o dono da terra exige uma parte de quase toda a produção que o trabalhador pode cultivar ou colher da terra [...]" (SMITH, 1996, p. 118). Sendo esse trabalhador um arrendatário, ele, por sua vez, emprega trabalhadores em troca de parte do produto do trabalho destes últimos. O resultado aparece como lucro do arrendatário e representa uma segunda dedução do produto do trabalho empregado na terra. Smith, emprega, então, essa forma de deduzir o lucro para "quase todos os outros trabalhos".

> O produto de quase todos os outros trabalhos está sujeito à mesma dedução do lucro. Em todos os ofícios e manufaturas, a maior parte dos trabalhos tem necessidade de um patrão que lhes adiante o material para o trabalho, salários e sua manutenção, até completar o trabalho. O patrão partilha do produto do trabalho dos empregados,

ou seja, do valor que o trabalho acrescenta aos materiais trabalhados pelo empregado; é nessa participação que consiste o lucro do patrão (SMITH, 1996, p. 118).

Embora, Smith, tenha acertadamente de início reconhecido a renda como uma dedução do produto do trabalho, ele apressa-se em resolver a luta de interesses entre trabalhadores e patrões através da figura do contrato. Ele reconhece que existe uma luta entre interesses, reconhece também a força do patronato e a posição menos favorável da classe trabalhadora. Todavia, parece não mais reconhecer a renda como uma dedução do produto do trabalho. Pois, segundo ele, "[...] subentende-se que os salários do trabalho são em todos os lugares como geralmente são, quando o trabalhador é uma pessoa, e o proprietário do capital que emprega o trabalhador é outra pessoa" (SMITH, 1996, p. 118).

A partir desse momento a renda como dedução do produto do trabalho é substituída por uma forma jurídica, o contrato, que estabelece os rendimentos como proporcionais a participação de cada fator no produto total da economia. O problema da renda deixa de ser uma questão de apropriação do excedente do trabalho e passa a constituir um problema de determinar uma taxa de salário comum ou normal de trabalho.

A aceitação por parte do trabalhador assalariado de uma *taxa natural de salário* aparece como que determinada pelo seu próprio destino (uma predestinação). Mesmo que os trabalhadores protestem por meio de "ações defensivas" ou por meio "da violência dessas associações tumultuosas", reclamando dos "altos lucros que os patrões auferem do trabalho deles", eles nunca auferem vantagem por três razões, segundo Smith: 1) o patrão, pelo patrimônio já acumulado, consegue viver um ano ou dois, enquanto muitos trabalhadores não conseguem "subsistir uma semana"; 2) interferência das autoridades em favor dos patrões; 3) própria firmeza e poder dos patrões sobre os trabalhadores.

Smith, assim, aceitou e defendeu, de bom grado, tanto a existência de classes quanto o destino de cada uma conforme o papel que lhe era reservado na economia capitalista. Tudo que precisou fazer foi elaborar uma teoria que justificasse tal condição. Muito embora ele tenha antes descoberto que a renda representava uma dedução do trabalho realizado, com já comentado. No entanto, o seu tempo histórico talvez não o tenha permitido avançar de forma crítica sobre o assunto. Todo o seu interesse estava focado em formular uma teoria condizente com uma nova realidade social, econômica e política. A simples existência de um trabalhador livre apresentava-se como uma promessa de uma sociedade fundada na justiça social. Nesse sentido, a classificação dos fatores produtivos em terra, trabalho e capital, acabou por encobrir a sua magnífica descoberta, a da renda como uma subtração do produto do trabalho. Assim, a apropriação do excedente econômico não apareceu como uma dedução do produto do trabalho social, mas como uma repartição proporcional de acordo com a participação de cada fator no produto total.

Nesse sentido, o início do capítulo VIII, "Os salários do trabalho", do livro I, é mesmo digno de um grande pensador, como um Adam Smith. Nele, aparece toda força de seu método indutivo, utilizado ao investigar na história e nos fenômenos do mundo real os antecedentes, causas e relações, dos salários do trabalho. Descobre ele que:

> O produto do trabalho é a recompensa natural do trabalho, ou seja, seu salário [...] Naquele estado original de coisas que precede tanto a apropriação da terra quanto o acúmulo de capital, o produto integral do trabalho pertence ao trabalhador. Este não tem nem proprietário fundiário nem patrão com quem deva repartir o fruto de seu trabalho [...] No momento em que a terra se torna propriedade privada, o dono da terra exige uma parte de quase toda a produção que o trabalhador pode cultivar ou colher da terra. Sua renda é a primeira dedução do produto do trabalho empregado na terra (SMITH, 1996, p. 117-118).

Smith havia feito uma importante descoberta sobre o "problema da renda", mas talvez o seu iluminismo não o tenha permitido contemplar as implicações sociais da sua constatação. O ponto de inflexão de sua análise apresenta-se muito claro. Ele simplesmente estabeleceu outra premissa baseando-se numa realidade existente "em todas as partes da Europa", como afirmamos anteriormente.

O que inicialmente foi tratado como uma dedução do trabalho passou a ser uma remuneração estabelecida via contrato. A pergunta que Smith se colocava a partir de então era: "Quais são os salários comuns ou normais do trabalho?" A sua resposta apresenta-se totalmente incongruente com a sua constatação inicial. Para ele, simplesmente, "[...] existe uma determinada taxa abaixo da qual parece impossível reduzir por longo tempo os salários normais, mesmo em se tratando do tipo de trabalho menos qualificado" (SMITH, 1996, p. 120).

A sua longa análise desdobra-se, então, sobre a condição dos trabalhadores assalariados sob três situações; economia em crescimento, estacionária, e em declínio.

> Não é a extensão efetiva da riqueza nacional, mas seu incremento contínuo, que provoca uma elevação dos salários do trabalho. Não é, portanto, nos países mais ricos, mas nos países mais progressistas, ou seja, naqueles que estão se tornando ricos com maior rapidez, que os salários do trabalho são os mais altos [...] (SMITH, 1996, p. 121).

> Talvez mereça ser observado que a condição dos trabalhadores pobres parece ser a mais feliz e a mais tranquila no estado de progresso, em que a sociedade avança para maior riqueza, e não no estado em que já conseguiu sua plena riqueza. A condição dos trabalhadores é dura na situação estacionária e miserável quando há declínio econômico da nação. O estado de progresso é, na realidade, o estado desejável e favorável para todas as classes sociais, ao passo que a situação estacionária é a inércia, e o estado de declínio é a melancolia (SMITH, 1996, p. 131).

Smith completou sua análise sobre a repartição dos rendimentos, no capítulo X, do livro I, intitulado "Os salários e o lucro nos diversos empregos de mão-de-obra e de capital". Separou sua análise em duas partes. Na primeira tratou sobre as "Desigualdades decorrentes da natureza dos próprios empregos" e, na segunda, sobre "Desigualdades oriundas da política na Europa".

Na primeira parte, o seu ponto de partida está relacionado a uma constatação empírica, na qual diferencia as circunstâncias que possibilitam um "pequeno ganho pecuniário em alguns empregos" de outra; de um "ganho grande em outros" empregos.

> [...] primeiro, o caráter agradável ou desagradável dos próprios empregos; segundo, a facilidade e o pouco dispêndio, ou a dificuldade e o alto dispêndio exigidos para a aprendizagem dos empregos; terceiro, a constância ou inconstância desses empregos; quarto, o grau pequeno ou grande de confiança, colocado naqueles que os ocupam; quinto, a probabilidade ou improbabilidade de ter sucesso neles (SMITH, 1996, p. 148)

Dessa forma, Smith introduziu um novo princípio de justiça distributiva para os salários, a meritocracia. Muito embora o termo somente tenha sido formulado no século XX (1958), no livro "The rise of the meritocracy", de Michael Young. Na teoria econômica de Smith as diferenças salariais passaram a ser explicadas pelo mérito ou demérito do trabalho. Separamos alguns parágrafos do capítulo X, do livro I, que não deixam dúvida quanto ao caráter meritocrático, aceito por Smith de forma não crítica.

> De tudo o que expus, segue-se que, na mesma sociedade ou em suas proximidades, as taxas normais e médias de lucro nos diversos empregos de capital devem estar mais niveladas do que os salários em dinheiro dos diversos tipos de trabalhos. Na realidade, assim é. A diferença entre o salário de um trabalhador comum e o de um advogado ou médico bem empregados é evidentemente muito maior do que a diferença existente entre os lucros normais em dois setores quaisquer de emprego de capital (SMITH, 1996, p. 137).

> As cinco circunstâncias acima mencionadas, embora gerem desigualdades consideráveis de salário e de lucro

do capital, não produzem nenhuma desigualdade no conjunto global das vantagens e desvantagens, reais ou imaginárias, dos diferentes empregos de mão-de-obra e de capital. A natureza dessas circunstâncias é tal que respondem por um ganho pequeno em alguns e contrabalançam com um ganho grande em outros [...]

Entretanto, para que esta igualdade possa ocorrer no conjunto global de suas vantagens e desvantagens, requerem-se três coisas, mesmo onde exista a liberdade mais completa. Primeiro, os empregos devem ser bem conhecidos e estar bem estabelecidos há muito tempo nas redondezas; segundo, devem estar em seu estado ou condição normal, ou seja, no que se pode chamar seu estado natural; terceiro, devem ser o único ou o principal emprego dos que os ocupam (SMITH, 1996, p. 140).

Ao que parece, a proporção entre os diferentes níveis salariais e de lucro, nos diferentes empregos de mão-de-obra e de capital, não é muito afetada — como já observei — pela riqueza ou pobreza de uma sociedade ou pela sua condição de progresso, estacionária ou de declínio. Tais transformações no bem-estar público, embora afetem os níveis gerais dos salários e do lucro, em última análise os afetam de maneira igual, em todos os empregos ou ocupações. Por conseguinte, a proporção entre eles permanece necessariamente a mesma, não podendo ser alterada por tais transformações, ao menos por um período significativo (SMITH, 1996, p. 184).

De qualquer forma, Smith, também tinha consciência de que existia uma incompatibilidade entre lucro e salário, mais além que a simples constatação de que salários elevados contribuíam para reduzir a taxa de lucro. Embora não desenvolva o assunto ele reclama sobre os "efeitos prejudiciais dos lucros altos" dos "comerciantes e donos de manufaturas".

> Nossos comerciantes e donos de manufaturas reclamam muito dos efeitos perniciosos dos altos salários, aumentando o preço das mercadorias, e assim diminuindo a venda de seus produtos tanto no país como no exterior. Nada dizem sobre os efeitos prejudiciais dos lucros altos. Silenciam sobre os efeitos danosos de seus próprios ganhos. Queixam-se somente dos ganhos dos outros (SMITH, 1996, p. 145-146).

Na segunda parte do capítulo X, "Desigualdades oriundas da política na Europa", Smith reclamou da política vigente na Europa de sua época. Segundo ele, tal política provocava "outras desigualdades", muito mais negativas, que a desigualdade natural entre os diferentes empregos de mão-de-obra no conjunto global das suas vantagens e desvantagens.

> Três são as maneiras pelas quais a política europeia provoca essas desigualdades. Primeiro, limitando a concorrência, em se tratando de alguns empregos, a um número menor de pessoas do que o número daquelas que de outra forma estariam dispostas a concorrer; segundo, aumentando em outros empregos a concorrência, além da que ocorreria naturalmente; terceiro, criando obstáculos à livre circulação de mão-de-obra e de capital, tanto de uma profissão para outra como de um lugar para outro (SMITH, 1996, p.164).

2.2. O iluminismo de Adam Smith

Smith realmente acreditava, dada as condições do seu tempo histórico, que a doutrina do autointeresse e do livre comércio apareciam como um farol na escuridão medieval. Smith foi um pensador subversivo, pois foi inimigo do feudalismo e uma inspiração para a Revolução Francesa.

A doutrina do autointeresse está para Smith, assim como a categoria luta de classes está para Marx. Ambas representam uma espécie de "chave heurística" que serve para explicar uma totalidade social. Da doutrina do autointeresse podemos derivar duas outras ideias poderosas que serviram tal como uma luva para o estabelecimento do modo de produção capitalista: 1) o livre comércio como doutrina econômica; e 2) o Estado liberal como doutrina política.

A doutrina do livre comércio e do Estado liberal podem ser agrupadas sob o manto visível da mão invisível. Por sua vez, o princípio da mão invisível e a doutrina do autointeresse podem ser pensados como conceitos correlatos, pois suas implicações econômicas, sociais, políticas e ideológicas são as mesmas. Segundo Rothschild (2003), essa associação somente apareceu de forma clara no século XX.

Quando Smith usou o termo na Riqueza das Nações ele o fez em um contexto muito específico, no momento em que tratou do comércio internacional no capítulo II, "Restrição à importação de mercadorias estrangeiras que podem ser produzidas no país", do livro quarto, "Sistema de economia política". O princípio da mão invisível foi assim exposto pelo autor:

> Portanto, já que cada indivíduo procura, na medida do possível, empregar seu capital em fomentar a atividade nacional e dirigir de tal maneira essa atividade que seu

produto tenha o máximo valor possível, cada indivíduo necessariamente se esforça por aumentar ao máximo possível a renda anual da sociedade. Geralmente, na realidade, ele não tenciona promover o interesse público nem sabe até que ponto o está promovendo. Ao preferir fomentar a atividade do país e não de outros países ele tem em vista apenas sua própria segurança; e orientando sua atividade de tal maneira que sua produção possa ser de maior valor, visa apenas a seu próprio ganho e, neste, como em muitos outros casos, é levado como que por mão invisível a promover um objetivo que não fazia parte de suas intenções. Aliás, nem sempre é pior para a sociedade que esse objetivo não faça parte das intenções do indivíduo. Ao perseguir seus próprios interesses, o indivíduo muitas vezes promove o interesse da sociedade muito mais eficazmente do que quando tenciona realmente promovê-lo. Nunca ouvi dizer que tenham realizado grandes coisas para o país aqueles que simulam exercer o comércio visando ao bem público. Efetivamente, é um artifício não muito comum entre os comerciantes, e não são necessárias muitas palavras para dissuadi-los disso (SMITH, 1996, p. 438).

Conforme explica Rothschild (2003, p. 135), o "[...] próprio Smith não parece ter dado grande importância à mão invisível [...]". Antes do século XX, nem os comentaristas de Smith, parecem ter dado atenção ao princípio. Segundo, ainda, a referida autora, não foi destacado nas memórias sobre a vida e a obra do autor, de Dugald Stewart, nem nas edições da "Riqueza das Nações", de Playfair ou de McCulloch, ou ainda, nas comemorações do centenário da obra; "[...] É mesmo digno de nota que a expressão 'mão invisível' mal fosse conhecida no começo do século XX [...]" (ROTHSCHILD, 2003, p. 135).

Foi somente no século XX que o princípio da mão invisível adquiriu o *status* de "[...] 'a mais importante contribuição [do] pensamento econômico', para o entendimento dos processos sociais [...]", de acordo com Arrow e Frank Hahn, como observado, ainda, por Rothschild (2003, p. 133).

Na "Riqueza das Nações, o autointeresse aparece como uma força que domina as paixões e as domestica para a realização do homem enquanto ser, de forma que o processo e o progresso econômicos aparecem como resultados dessa razão. Isso, porque, o *interesse* insere um elemento de constância e previsibilidade do comportamento humano, em contraste com "o caráter flutuante e imprevisível" das paixões. Como bem nos esclarece Hirschman (2002), em sua fascinante obra "As paixões e os interesses", na qual ele analisa os "argumentos políticos a favor do capitalismo antes do seu triunfo", que por sinal, é o seu subtítulo.

A razão econômica assume, portanto, o papel de transformar o egoísmo e a avareza nos fundamentos de uma nova sociedade, visto que estão diretamente relacionados ao novo padrão de riqueza, derivado do desenvolvimento do comércio e da indústria. Assim, o comércio deixou de ser uma atividade malvista e passou a ser causa de progresso, inclusive da boa administração pública, ou seja, um elemento para o aprimoramento do país, como destacou Smith.

> [...] O comércio e as manufaturas introduziram gradualmente a ordem e a boa administração e, com elas, a liberdade e a segurança dos indivíduos, entre os habitantes do campo, que até então haviam vivido mais ou menos em um estado contínuo de guerra com os

vizinhos, e de dependência servil em relação a seus superiores. Embora esse fator seja o último aqui apontado, é sem dúvida o mais importante de todos[...] (SMITH, 1996, p. 400).

Para Rothschild (2003, p. 139), a ideia da mão invisível, em Smith, consiste em três noções principais: "[...] as ações dos indivíduos têm consequências não intencionadas; existe ordem ou coerência nos acontecimentos; e as consequências não intencionadas das ações às vezes promovem interesses das sociedades [...]". Como visto, anteriormente, a mão invisível tem como fundamento a doutrina do interesse: a ideia do autointeresse como chave para a compreensão da ação humana; a transformação do vício da avareza na virtude do bem-estar social. Doutrina que procurou explicar uma nova sociedade, baseada em uma nova razão, a razão econômica e, que tinha como regra elementar de conduta para o indivíduo, a busca sem limites de valor econômico.

Dessa forma, foi com a sistematização econômica de Smith, que "na sua forma limitada e domesticada, a ideia do aproveitamento [da mobilização das paixões] foi capaz de sobreviver e prosperar tanto como um dos princípios do liberalismo do século XIX quanto como uma construção fundamental da teoria econômica" (HIRSCHMAN, 2002, p.40). Pois, foi capaz de estabelecer uma "[...] poderosa justificativa econômica para a busca desenfreada do interesse próprio individual [...]" (HIRSCHMAN, 2002, p.120).

Em resumo, Smith acreditava que a doutrina do autointeresse realmente nos levaria da escuridão, representada por uma sociedade tipo feudal, para a luz, representada por uma "[...] esclarecida e iluminada sociedade de indivíduos independentes que racionam e discutem, permutam e trocam, homens justos e deliberados que enxergam através dos seus próprios preconceitos [...]" (ROTHSCHILD, 2003, p. 18). Todavia, como esclarece Hirschaman (2002, p. 62), as "[...] consequências involuntárias fluem do pensamento humano (e da forma que é dada através da linguagem) não menos do que das ações humanas [...]". Nenhuma frase seria mais apropriada para expressar as implicações do iluminismo econômico de Smith sobre a economia, a sociedade e o Estado.

Um breve artigo escrito, em 1870, talvez tenha revelado, como nenhum outro, a natureza e as implicações da grande obra de Smith para a teoria econômica e para a sociedade. Trata-se de *The political economy of Adam Smith*, de T. E. Cliffe Leslie, publicado na *Fortnightly Review*.

Segundo Leslie, o grande problema da filosofia social de Smith e, consequentemente, da sua teoria econômica está na sua fundamentação na doutrina do Direito Natural. Nesse sentido, a Economia Política para Smith seria um "conjunto comprovado de leis da Natureza". Todavia, a Economia Política é uma Ciência Histórica, ela não é:

> [...] um corpo de leis naturais [...] ou de verdades universais e imutáveis, mas um conjunto de especulações e doutrinas que são o resultado de uma história particular, colorida pela história e o caráter de seus principais escritores; que, longe de ser universal e imutável de época em época, tem variado muito em diferentes idades e países, e até mesmo com diferentes expositores em uma mesma época e país [...] (LESLIE, 1870).

Leslie (1870) enfatiza que a interpretação da "Riqueza das Nações" não pode ser realizada de forma adequada se não se considerar o "sistema completo de filosofia social" do seu autor, que inclui Teologia Natural, Filosofia do Direito, Ética e Economia Política. De forma geral, a teoria econômica de Smith "[...] sugere, uma organização 'natural' completa do mundo econômico, e visa a descoberta de 'preços naturais', 'salários naturais' e 'lucros naturais'" (LESLIE, 1870).

> 'O grande e principal objetivo de suas especulações', diz Dugald Stewart, de forma alguma pretendendo uma crítica, pois o Sr. Maine não tinha então explorado as falácias que espreitam nos termos Natureza e Lei Natural, 'é ilustrar as disposições feitas pela Natureza nos princípios da mente humana, e nas circunstâncias da situação externa do homem, para um aumento gradual e progressivo nos meios de riqueza nacional, e para demonstrar que o meio mais eficaz de fazer um povo avançar para a grandeza é manter essa ordem de coisas que a Natureza apontou'. No final do Livro IV. da 'Riqueza das Nações' encontramos o Código da Natureza e suas instituições definitivamente marcadas: 'Todos os sistemas de preferência ou de restrição sendo completamente eliminados, o sistema óbvio e simples de liberdade natural se estabelece por si mesmo. De acordo com o sistema de liberdade natural, o Estado tem apenas três deveres para atender', a saber: proteger a nação de agressões estrangeiras, administrar a justiça e manter certas grandes instituições fora do alcance das empresas individuais e uma suposta limitação natural de direito e de governo que tem sido a causa de erros infinitos tanto na economia política teórica quanto na legislação prática (LESLIE, 1870).

Smith segue a mesma lógica em relação ao comportamento humano na sociedade. Apesar de enfadonho faremos outra longa citação de Leslie (1870), pois, não encontraríamos uma forma melhor de colocar a questão do comportamento humano em Smith.

> A mesma concepção fundamental permeia tanto o sistema de ética de Smith quanto sua filosofia do direito. Investigando o caráter da virtude, ele trata primeiro da 'ordem na qual a Natureza recomenda objetos aos cuidados dos indivíduos' para sua própria felicidade pessoal; a seguir, da 'ordem que a Natureza traçou para a direção de nossos poderes de beneficência: primeiro, em direção a outros indivíduos; e, em segundo lugar, para as sociedades.' Assim, na descrição feita por ele mesmo de sua proposta de história da jurisprudência, ele afirma que 'todo sistema de direito positivo pode ser considerado como uma tentativa mais ou menos imperfeita em direção a um sistema de jurisprudência natural'; e que o objetivo principal da investigação jurídica é determinar 'quais eram as regras naturais de justiça, independentemente de todas as instituições positivas.' (LESLIE, 1870)

O resultado da filosofia social de Smith é uma "economia benéfica e equitativa" e que promove a "maior quantidade possível de felicidade" entre os indivíduos. A natureza humana torna-se uma "crença religiosa", no sentido de que os comportamentos, "[...] de acordo com a natureza de seu "Divino Autor", tendem necessariamente para os empregos mais benéficos das faculdades e recursos do homem". Assim, o mundo moral seria a representação social do mundo físico com suas presumidas características da concepção clássica da Natureza: "simplicidade, harmonia, ordem e igualdade" (LESLIE, 1870). Este autor faz uma citação da Teoria dos Sentimentos Morais em que tais características são reveladas em toda a sua amplitude.

> 'A produção do solo mantém em todo o tempo quase o número de habitantes que é capaz de manter. Os ricos apenas selecionam da pilha o que é mais precioso e agradável. Eles consomem pouco mais do que os pobres e, apesar de seu egoísmo e ganância naturais, embora eles signifiquem apenas sua própria conveniência, embora o único fim que eles propõem do trabalho de todos os milhares a quem eles empregam seja a gratificação de seus próprios desejos vãos e insaciáveis, eles dividem com os pobres o produto de todas as suas benfeitorias. Eles são conduzidos por uma mão invisível para fazer quase a mesma distribuição das necessidades vitais que teriam sido feitas se a Terra tivesse sido dividida em partes iguais entre todos os seus habitantes; e, portanto, sem querer, sem saber, promovem o interesse da sociedade e proporcionam meios para a multiplicação das espécies. Quando a Providência dividiu a terra entre alguns senhores nobres, não esqueceu nem abandonou aqueles que pareciam ter sido deixados de fora na partição' (SMITH, 1759, citado por LESLIE, 1870).

Não resta dúvida de que a contribuição de Smith para o entendimento e explicação dos processos econômicos foi fundamental. Porque, por um lado, os conceitos, definições, o estabelecimento de relações entre divisão do trabalho e extensão dos mercados, a formulação de uma teoria do valor (o valor-trabalho) e da formação dos preços de mercado etc, tornam a sua obra seminal. Mas, principalmente, porque:

> [...] Ele submeteu os fenômenos da história e do estado existente do mundo a uma investigação minuciosa, traçou o progresso econômico real de diferentes países, as

influências das leis de sucessão e da distribuição política da propriedade, a ação e a reação do setor jurídico, as mudanças na manufatura e os movimentos reais dos salários e lucros, na medida em que puderam ser verificados. Tampouco ficou satisfeito com as induções a partir de evidências escritas, embora necessariamente constituísse o campo mais importante da investigação indutiva na filosofia social - ele comparou todos os fenômenos que a observação pessoal cuidadosa, tanto em seu próprio país quanto na França, colocara sob sua visão. Em suma, ele acrescentou à experiência da humanidade uma grande experiência pessoal para a investigação indutiva (LESLIE, 1870).

Todavia, suas conclusões e recomendações baseadas no respeito a "constituição benéfica da Natureza", tanto justificaram uma distribuição injusta da riqueza social quanto promoveram a existência de um Estado para o qual "[...] por uma lei natural os interesses dos indivíduos se harmonizavam com os interesses públicos [...]" (LESLIE, 1870). Neste aspecto, como constata o referido autor "[...] o dano feito na economia política [...] foi incalculável. Para ele, porque "[...] Os reais interesses que determinam a produção e, posteriormente, no curso do consumo, em grande parte, a distribuição da riqueza são os interesses dos consumidores [...]". Para nós, porque Smith formulou a ideia de um sistema econômico que servia basicamente a interesses individuais (tendo a doutrina do autointeresse com seu fundamento e suporte), em contraposição aos interesses coletivos.

Na interpretação do Sr. Buckle, citado por Leslie (1870), "[...] Smith generaliza as leis da riqueza, não a partir dos fenômenos da riqueza, mas de fenômenos do egoísmo. Ele torna os homens naturalmente egoístas; ele os representa como perseguidores de riqueza para objetos sórdidos e para os prazeres pessoais mais estreitos." Leslie (1870), descreve, assim, a obra de Smith como um completo "sistema econômico de liberdade natural". Isso porque Smith foi fiel ao espírito histórico de sua época, pois representava luta real que acontecia entre a burguesia e os senhores feudais em torno da: "[...] ideia de liberdade civil e religiosa, de resistência ao governo arbitrário e leis desiguais, de confiança na razão individual e julgamento privado em oposição aos ditames da autoridade externa [...]".

> Ao longo da história, e por toda a Europa, ele não viu nada além de desordem e miséria na legislação humana que o mundo havia conhecido, onde quer que fosse além de proteger a liberdade pessoal e propriedade; ele viu em todos os lados uma massa de pobreza atribuível à interferência do Estado; as únicas fontes de qualquer riqueza e prosperidade que existiam eram os motivos naturais para a indústria e os poderes naturais de produção dos homens individuais, e ele concluiu que nada era necessário a não ser deixar a Natureza sozinha, que existia harmonia completa entre o indivíduo e o interesses públicos, e que a conduta natural da humanidade assegurasse não apenas a maior abundância, mas uma distribuição igualitária da riqueza. Ele pensava ter encontrado nos fenômenos uma prova positiva da Lei da Natureza e do caráter de seus atos" (LESLIE, 1870).

Constata-se, assim, uma ambivalência no pensamento de Smith. No terreno da teoria ela foi resultado de uma combinação entre "investigação indutiva" e as "leis da Natureza e de Deus". Estas últimas exerceram tanta força no pensamento do autor que o fez ver, como constatou Leslie (1870), "[...] em todas as suas induções as provas de um código completo da natureza, de uma ordem benéfica da natureza fluindo da liberdade individual e dos desejos e disposições naturais dos homens [...]."

Smith, também, foi ambivalente em relação ao capitalismo nascente, como constatou Hirschman (2002). Nesse caso, essa ambivalência resultava do seu interesse em "[...] descobrir e enfatizar os resultados involuntários da ação humana [...]." Por exemplo, no livro I ele enaltece à divisão social do trabalho e, no livro IV, discorre sobre "[...] a perda do espírito marcial e das virtudes como uma das infelizes consequências tanto da divisão do trabalho quanto do comércio em geral [...]" (HIRSCHMAN, 2002, p. 126).

Para Smith, então, o espírito comercial também tinha suas desvantagens. De suas *Lectures*, Hirschman (2002, p. 127), destaca a seguinte citação: "[...] Essas são as desvantagens do espírito comercial. As mentes dos homens são limitadas, e tornadas incapazes de elevação. A educação é desprezada, ou pelo menos negligenciada, e o espírito heroico é quase totalmente extinto. A correção dessas falhas seria um assunto digno de uma séria atenção."

Por fim, O iluminismo de Smith o levou a formular a Economia Política como uma "ciência das trocas" baseada no "esforço natural de cada indivíduo para melhorar sua própria condição". Nesse contexto, o fator trabalho repartirá as funções sociais "espontaneamente da melhor maneira, e distribuirá seus produtos em uma ordem natural e com maior igualdade [...]" (LESLIE, 1870). Todavia, como podemos constatar na realidade concreta "[...] nenhuma organização completa para a distribuição da riqueza é feita por ação individual, ou o que Adam Smith chamou de Natureza [...] as instituições humanas, leis de propriedade e sucessão, são necessariamente os principais órgãos na determinação de sua distribuição" (LESLIE, 1870). Ou seja, não existe socialmente, como pensava Smith, uma "ordem segundo a qual sua produção [forças produtivas do trabalho] é naturalmente distribuída entre as diversas categorias do povo", isto é, diferentes classes, como sugere o sumário do livro I da "Riqueza das Nações." Mas, essa ideia já então se tornara poderosa demais; aparentemente confirmava a experiência individual dos sujeitos sociais e, mais importante, representava os interesses da classe capitalista em ascensão. O método indutivo e o espírito filosófico de Smith poderiam ter o levado por um caminho de análise distinto, como comenta o próprio Leslie (1870).

> [...] ele deveria ter negado a igualdade real de salários e lucros, rastreado as grandes desigualdades reais até suas causas e definido as condições de igualdade e desigualdade, e o efeito real de progresso industrial nesses movimentos, de modo a indicar a divergência muito progressiva que ocorria desde então, e que uma escola de economistas modernos não apenas ignora, mas às vezes nega com raiva, como inconsistente com suas deduções a *priori*.

Apesar de Smith não ter seguido um caminho de análise distinto, em sua ambivalência ele contribuiu com diversas pistas para que pensadores posteriores pudessem empreender uma crítica científica do capitalismo. Talvez, uma ironia da história para com o próprio Smith, pois tais pistas aparecem meio que como resultados involuntários da sua teoria.

Em resumo, o iluminismo de Smith apresenta-se como a realização da liberdade individual, como que uma disposição para independência do indivíduo. Todavia, para ele não existe uma correspondência direta entre "disposição iluminada" e liberdade, isso porque as intenções dos indivíduos "revelam-se mesquinhas e fúteis". Sendo assim, a realização da liberdade individual aparece como uma realização não intencional dos indivíduos promovida por um interesse universal (a mão invisível como a mão de Deus). A iluminação era, assim, um privilégio para poucos. O próprio Voltaire havia se revoltado com tal constatação, como afirmou Condorcet na sua obra "Vida de Voltaire", de 1789: "[...] 'a verdade não foi feita para permanecer um segredo nas mãos de uns poucos filósofos e de um pequeno número de homens mundanos instruídos, ou antes doutrinados pelos filósofos' [...]" (CONDOCERT, 1789, *apud* ROTHSCHILD, 2003, p. 142).

3. O problema da renda em Ricardo

Para Ricardo (1982), a principal questão da Economia Política consistia em determinar as leis que regulam a distribuição, ou seja, as leis por trás da "trajetória natural da renda, do lucro e do salário"; bem como a "influência dos impostos sobre as diferentes classes da sociedade". Portanto, seu ponto de partida difere do de Smith, que constatou como questão principal da Economia a divisão do trabalho como causa do "aprimoramento das forças produtivas do trabalho".

A partir da leitura dos trabalhos de Malthus ("Estudo sobre a natureza e o progresso da renda", de 1815), e de outro autor, referido por ele somente como "um membro do *University College*, de *Oxford* ("Ensaio sobre a aplicação do capital à terra"), Ricardo formulou o que ele denominou de "problema da renda". Para ele esses dois autores haviam "examinado corretamente os princípios da renda", o que resultou em uma "verdadeira teoria da renda", que nem Smith, Turgot, Stuart, Say, Sismondi, ou outros "competentes autores" tinham examinado corretamente, e

> [...] sem cujo conhecimento é impossível entender o efeito do progresso da riqueza sobre os lucros e os salários, ou

ainda acompanhar satisfatoriamente a influência dos impostos sobre as diferentes classes da sociedade, especialmente quando as mercadorias taxadas são produtos obtidos diretamente da superfície da terra [...] (RICARDO, 1982, p. 39).

Assim, o "problema da renda" para Ricardo estava relacionado as leis que regem, por um lado, a renda da terra e os lucros, e por outro, os lucros e os salários. Portanto, o "problema da renda" tinha origem na renda da terra, esta entendida como a "[...] compensação paga ao seu proprietário pelo uso das forças originais e indestrutíveis da terra" (RICARDO, 1982, p. 66). Desta perspectiva, a renda da terra se constitui na remuneração de um fator produtivo, assim, como é o lucro para o capital e o salário para a força de trabalho.

No entanto, quando Ricardo adicionou as hipóteses de crescimento populacional e do cultivo de terras mais distantes e de diferentes qualidades, ele também alterou o conceito de renda. Essa renda passou a não mais se referir a remuneração do fator terra, mas sim a uma diferença de produtividade de capitais iguais aplicados em terras que resultam em rendimentos diferentes (a ideia de renda diferencial). Como há necessidade de cultivar porções de terra mais distantes e de menor fertilidade, os seus custos de produção passam a determinar os preços de mercado dos produtos agrícolas. Ricardo acerta ao afirmar que "[...] a razão pela qual há aumento no valor comparativo dos produtos agrícolas é o emprego de mais trabalho para produzir a última porção obtida e não o pagamento ao proprietário da terra [...]".

Todavia, ao não fazer a distinção entre renda como remuneração e renda como diferença de produtividade no cultivo de terras de diferentes qualidades, Ricardo gerou um grande problema sobre a questão da distribuição. Ele sugeriu que todo valor da diferença de produtividade seja apropriado pelo proprietário de terra (a renda diferencial). No entanto, para o correto entendimento dessa questão precisamos considerar o papel do arrendatário capitalista no processo de apropriação de renda; inclusive da parte da renda que se refere ao excedente econômico. Ricardo, talvez por pensar estritamente de forma abstrata, passou diretamente para a relação entre o aumento do custo dos produtos da terra e sua repercussão sobre os custos do trabalho (e deste para a redução da taxa de lucro do sistema econômico).

No capítulo VI, "Sobre os lucros", Ricardo introduziu a figura do arrendatário como agente totalmente passivo, aquele que entrega todo valor da diferença de produtividade do rendimento da terra para o seu proprietário. É como se a renda da terra acompanhasse sempre o aumento de preço dos produtos agrícolas, quando na verdade a renda da terra, como estabelecida pelo próprio autor, se refere ao pagamento pelo uso daquela, que se supõe foi estabelecido por meio de um contrato. Tratar dessa forma a renda da terra implica, em última instância, desqualificar o arrendatário como um capitalista. Mas, ao contrário, assim como também entende Marx (2017b, p.675), "[...] a agricultura é operada por capitalistas, que num primeiro momento se distinguem dos demais capitalistas pela maneira como seu capital está investido e pelo trabalho assalariado posto em movimento por esse capital [...]". Dessa forma, a renda que recai no proprietário de terra nada mais é que uma parte do mais-valor produzido pelo capital. A renda da terra somente pode ser considerada um componente autônomo quando da sua definição como rendimento do fator produtivo terra, pois, de forma geral, ela apresenta-se apenas como uma transferência de uma parte do mais-valor produzido pelo capital.

Se nosso raciocínio estiver correto o aumento de preços proporcionado pelo aumento dos custos de produção de terras, mais distantes e de menor fertilidade, poderá aumentar o lucro do arrendatário capitalista da terra mais próxima do mercado e de maior qualidade, ao invés de gerar um rendimento mais elevado para o proprietário (a renda diferencial), como definido por Ricardo, em sua teoria da renda da terra. Isso porque a renda paga pelo arrendatário ao proprietário representa uma soma de dinheiro fixada por contrato. Nesse sentido, se as condições econômicas são favoráveis ao arrendatário durante o período do contrato, supor que o lucro extra do arrendatário será simplesmente transferido ao proprietário, parece não se constituir em uma premissa válida. Há um parágrafo no capítulo 37 do livro III, de "O capital", bastante esclarecedor a esse respeito.

> O pré-requisito para o modo de produção capitalista é, portanto, o seguinte: os verdadeiros cultivadores do solo são assalariados, empregados por um capitalista, o arrendatário, que só se dedica à agricultura como campo de exploração específico do capital, como investimento de seu capital numa esfera particular da produção. Esse capitalista-arrendatário paga ao proprietário fundiário, ao proprietário da terra por ele explorada, em prazos determinados, digamos anualmente, uma soma em dinheiro fixada por contrato (exatamente do mesmo modo que o mutuário de capital monetário paga por ele juros determinados) em troca da permissão de aplicar seu

capital nesse campo particular da produção. Essa soma de dinheiro se chama renda fundiária, não importando se é paga por terra cultivável, terreno para construções, minas, pesqueiros, bosques etc. Ela é paga por todo o tempo durante o qual o proprietário da terra emprestou, alugou por contrato, o solo ao arrendatário. Nesse caso, a renda do solo é a forma na qual se realiza economicamente a propriedade fundiária, a forma na qual ela se valoriza. Além disso, aqui estão, reunidas e confrontadas, as três classes – o trabalhador assalariado, o capitalista industrial e o proprietário fundiário – que constituem o marco da sociedade moderna (MARX, 2017b, p. 679).

Uma breve análise das transformações ocorridas no campo, entre os séculos XV e XIX, revela tanto o papel ativo do arrendatário capitalista no desenvolvimento do capitalismo, quanto a crescente diminuição da influência e do poder do *landlord* sobre a economia. Como destacou Marx (2017a, p. 814), "[...] A revolução agrícola, que ocorre no último terço do século XV e se estende por quase todo o século XVI [...], enriqueceu o arrendatário com a mesma rapidez que empobreceu a população rural [...]". Outros fatores que contribuíram enormemente para tal enriquecimento foram a queda no valor dos metais preciosos e o constante aumento nos preços dos produtos agrícolas.

> No século XVI [...] a contínua queda no valor dos metais nobres e, por conseguinte, do dinheiro, rendeu frutos de ouro ao arrendatário. Ela reduziu [...] o nível do salário. Uma fração deste último foi incorporado ao lucro do arrendatário. O constante aumento dos preços do cereal, da lã, da carne, em suma, de todos os produtos agrícolas, inchou o capital monetário do arrendatário [...], enquanto a renda da terra, que ele tinha de pagar, estava contratualmente fixada em valores monetários

ultrapassados. Desse modo, ele se enriquecia, a um só tempo, à custa de seus trabalhadores assalariados e de seu *landlord*. Não é de admirar, pois, que a Inglaterra, no fim do século XVI, possuísse uma classe de 'arrendatários capitalistas', consideravelmente ricos para os padrões da época (MARX, 2017, p. 814-815).

O problema da formulação teórica de Ricardo foi que ele tratou a agricultura, em particular a renda da terra, como o principal elemento desestabilizador do sistema. Todavia, era um período no qual a industrialização caminhava a passos largos para a mecanização do departamento de bens de produção, através da criação do setor ferroviário, o que conferiria ao capital um elevado grau de autonomização sobre o processo de acumulação de capital (subordinando aos seus interesses o mercado de trabalho, o progresso técnico e os mercados de fatores e de produtos). Como constatou Hobsbawm (2009, p. 181), "[...] a agricultura britânica deixou de constituir o sustentáculo geral de toda a economia, tornando-se apenas um ramo da produção, algo semelhante a uma 'indústria', ainda que, naturalmente, de longe a maior atividade em termos de emprego [...]". A participação da agricultura na renda nacional bruta caiu continuamente, entre 1811 e 1851, de 1/3 para 1/5.

Voltemos ao papel do arrendatário capitalista. A estrutura social e política da Grã-Bretanha, como nos esclarece Hobsbawm (2009), era controlada pelos proprietários de terra. Segundo ele, "o grau concentração da propriedade da terra não tinha paralelo em outros países industriais", e nesse aspecto residia também "a força da lavoura britânica nos sécs. XVIII e XIX". Porque era de interesse do grande proprietário alugar a sua terra, eles estavam "[...] dispostos a estimular parceiros eficientes com as condições de seus arrendadores, capazes de fazer investimentos substanciais e de arcar com pelo menos parte do ônus dos tempos difíceis, reduzindo o arrendamento ou permitindo a acumulação de débitos [...]" (HOBSBAWM, 2009, p. 186). Por seu turno, o arrendatário era um "fazendeiro 'progressista'", fato expresso no seu "espírito mais comercial". Diferentemente do que pensava Ricardo, os arrendatários eram assim capitalistas ativos que enriqueceram e aplicaram sua riqueza como capitais em outros setores econômicos, através da "desumana economia da agricultura comercial". Hobsbawm (2009, p. 97) destaca tal aspecto da riqueza quando descreve, por exemplo, "a própria opulência dos fazendeiros, cada vez mais prósperos, com suas filhas pianistas". Além disso, a classe de proprietários de terra pode ser considerada uma classe estéril no sentido produtivo, mas na questão da dinâmica capitalista ela contribuía para o próprio crescimento das cidades e, consequentemente, para o aumento da demanda efetiva do sistema; e devia ser uma contribuição considerável, visto que os proprietários de terra constituíam a classe das pessoas mais ricas da Grã-Bretanha. A renda do proprietário de terra apresentava-se como um elemento ativo da economia. Ela não ficava circunscrita ao consumo de luxo, era utilizada também como meio de obtenção de novas rendas. Assim, nos esclarece o estudo histórico de Hobsbawm (2009) sobre o período:

> Enquanto dono de terras realmente grandes, o senhor rural não dependia necessariamente das rendas agrícolas. Podia desfrutar dos rendimentos dos imóveis urbanos,

em crescente valorização, ou dos lucros de minas e estradas de ferro que uma abençoada providência houvesse colocado em suas terras, ou ainda dos juros de seus gigantescos lucros, investidos no passado (HOBSBAWM, 2009, p. 99)

A partir da análise realizada nos parágrafos anteriores não confirmamos a renda diferencial como um elemento desestabilizador do sistema econômico. A renda diferencial apresenta-se mais como um artifício lógico formulado por Ricardo para justificar a causa do que ele pensava ser o elemento limitador do processo de acumulação; o aumento das rendas fundiárias. O problema de Ricardo era encontrar uma forma de justificar uma única taxa de lucro para a economia. Ele fez isso através da abstração de que a diferença de lucro proveniente da utilização de terras com diferentes níveis de produtividade fosse simplesmente transferida dos arrendatários ao proprietário de terra. De forma geral, foi um artifício formulado para fechar de forma lógica a sua teoria da renda terra. Uma solução diferente para esse problema foi proposta por Marx (2017b, p. 861):

> É possível cogitar que o simples ingresso do arrendatário capitalista na produção agrícola forneça a prova de que o preço dos produtos agrícolas, que sempre pagaram renda numa ou noutra forma, precisa situar-se, ao menos na época desse ingresso, acima dos preços de produção da manufatura, seja porque eleva-se ao nível de um preço monopólico, seja porque subiu até atingir o valor dos produtos agrícolas e seu valor se encontra, de fato, acima do preço de produção regulado pelo lucro médio [...].

Além disso, a afirmação de Ricardo que a terra de pior qualidade não pagava renda também se mostra problemática por duas razões. Primeiro, não existe arrendamento sem o estabelecimento de um contrato entre o proprietário de terra e o arrendatário. Segundo, que a ideia de renda gerada entre terras de diferentes qualidades (renda diferencial) não corresponde a ideia de renda como pagamento pelo uso da terra.

Ricardo já havia se referido ao arrendatário capitalista em duas outras ocasiões anteriores. Na primeira vez para deduzir que "[...] Não pode haver um aumento no valor do trabalho sem uma diminuição nos lucros [...]"

> [...] Se o trigo tiver de ser dividido entre o agricultor (arrendatário) e o trabalhador, quanto maior for a parcela dada ao último, menor será a que sobrará para o primeiro. Da mesma forma, se o tecido de lã ou o produto de algodão for dividido entre o operário e seu empregador, quanto maior a parte dada ao primeiro, menos restará para o último (RICARDO, 1982, p. 55).

É interessante observar nessa citação que Ricardo trata como tendo qualidades iguais o rendimento do arrendatário e do manufatureiro. Mais interessante ainda é observar a renda como uma dedução do produto do trabalho, tal como formulara Smith. Todavia, o objetivo de Ricardo, como o de Smith, ao colocar a questão, foi tão somente mostrar a existência de uma relação inversa entre lucro e salário. Hoje, sabemos que essa relação somente é válida sob hipóteses bastante restritivas. Na economia comandada pela indústria o aumento da produtividade pode beneficiar ao mesmo tempo lucros e salários.

A segunda vez que Ricardo mencionou o arrendatário capitalista foi para derivar o seu conceito de renda. Aqui a confusão entre renda como diferença de produtividade (diferencial) e de renda como pagamento pelo uso da terra se apresentou pela primeira vez. Ao comparar o rendimento diferente de capitais iguais aplicados em terras de diferentes qualidades, ele conclui que não podendo haver duas taxas de lucro na economia, a diferença será necessariamente embolsada como renda pelo proprietário de terra. Nos parágrafos anteriores já tratamos dessa questão.

De qualquer forma, não constitui nosso objetivo realizar uma crítica da teoria da renda da terra de Ricardo. O nosso objetivo foi tão somente mostrar que o tratamento da repartição do excedente econômico, em Ricardo, obedeceu a mesma lógica estabelecida por Smith. A única diferença foi que em Ricardo o "estado estacionário" passou a ser "culpa exclusiva" do proprietário de terra. Todavia, era um momento inoportuno para tal formulação, pois a acumulação de capital encaminhava-se para sua completa autonomização. Há uma passagem no capítulo 47, "Gênese da renda fundiária capitalista", do livro III, de "O capital", que é muito elucidativa e resume nosso argumento sobre o problema da renda em Ricardo, como o apresentamos. A citação apesar de bastante longa merece a nossa atenção.

> [...] Com o surgimento do arrendatário capitalista entre o proprietário da terra e o agricultor que de fato trabalha, cortam-se todas as relações provenientes do antigo modo rural de produção. O arrendatário se torna o verdadeiro comandante desses trabalhadores agrícolas e o verdadeiro explorador do mais-trabalho destes últimos, ao passo que

o proprietário da terra só estabelece com esse arrendatário capitalista uma relação direta, ou seja, uma mera relação monetária contratual. Desse modo, também a natureza da renda se transforma, não só de fato e fortuitamente, como já ocorria em parte sob as formas anteriores, mas de modo normal, em sua forma reconhecida dominante. De forma normal do mais-valor e do mais-trabalho, ela é rebaixada a um excedente desse mais-trabalho sobre a parte dele que passa a ser apropriada pelo capitalista explorador sob a forma de lucro; do mesmo modo, agora esse capitalista extrai diretamente todo o mais-trabalho – o lucro e o excedente sobre o lucro – na forma de mais-produto total e o converte em dinheiro [...] Assim, de forma normal do mais-valor e do mais-trabalho a renda se transforma, então, num excedente dessa esfera particular da produção, a esfera agrícola, num excedente sobre a parte do mais-trabalho que o capital reclama como pertencendo a ele de antemão e *normaliter* [normalmente]. Em vez da renda, é o lucro que agora se converteu em forma normal de mais-valor, e a renda é considerada apenas como uma forma, autonomizada sob circunstâncias especiais, não do mais-valor em geral, mas de determinada ramificação deste último: do lucro extra [...] Não mais a terra, mas o capital, passou agora a submeter diretamente o trabalho agrícola a si mesmo e a sua produtividade (MARX, 2017b, p. 860)

A formulação teórica de Ricardo foi uma grande contribuição para tornar a economia uma ciência, no sentido moderno do termo, mas, ao mesmo tempo, tornou-se um empecilho para entender o caráter de exploração da força de trabalho no capitalismo. Pois, como muito apropriadamente colocou Teixeira (2004), foi com ele que a teoria do valor foi formulada de forma precisa, eliminando o seu caráter ambivalente dado por Smith (valor como trabalho contido e como trabalho comandado). Porém, ao custo de "escamotear a origem da mais-valia", como esclarece o referido autor:

> Se, em nome do princípio da coerência, Ricardo foi obrigado a escamotear a origem da mais-valia, como ele, então, explica o lucro e renda da terra? Esta questão se torna mais dramática, considerando que, para ele, todo o valor do produto se resolve em trabalho. Se é assim, o lucro e a renda não passam de títulos sob os quais os capitalistas e os proprietários participam do valor extra gerado pelo trabalho; portanto, de um valor que excede o trabalho pago, empregado para a sua produção. Repõe-se, assim, a questão de antes: como explicar a origem do lucro e da renda sem ferir o princípio de coerência? Para Ricardo, só há uma saída: simplesmente admiti-los como um fato. Foi justamente o que ele fez (TEIXEIRA, 2004, p. 57).

O problema da renda somente será formulado de forma adequada a partir da distinção entre trabalho e força de trabalho. Pois, somente a partir de tal distinção e do entendimento do trabalho como substância do valor, no contexto de propriedade privada burguesa dos bens de produção e subsistência, se pôde proceder a uma análise real da apropriação da renda social, fora do lugar comum da economia clássica, de divisão do produto social entre salário, lucro e renda. Somente a contribuição teórica de Marx pode nos livrar da alienação de uma teoria econômica que entenda a distribuição do produto social no capitalismo como um aspecto natural de nossa sociabilidade/civilidade.

4. O problema da renda em Marx

Essa seção necessariamente tem de começar pelo capítulo 4 do livro I, de "O capital", "A transformação do dinheiro em capital". A razão para tanto é muito simples. Nesse capítulo, Marx revela toda a força da teoria valor-trabalho como categoria de análise econômica, pois nos mostra de forma lógica, considerando o valor como resultado de relações sociais historicamente específicas, como a produção capitalista transforma uma troca de equivalentes numa troca de não equivalentes, a partir do valor de uso da força de trabalho. A equivalência como princípio das trocas é, assim, mantida na esfera da circulação, onde ocorre a troca da força de trabalho por salário. A não equivalência é um resultado implícito, pois encontra-se escondida na sutil diferença entre trabalho e força de trabalho; entre a formação de valor e do mais-valor. Na aparência, o capitalista fez um pagamento justo, pois pagou o preço do trabalho determinado pelo mercado. Na essência, a coisa é outra. A utilização da força de trabalho durante uma jornada de trabalho não corresponde à "justiça" de mercado. Porque a produção de uma jornada de trabalho gera um valor acima do salário estabelecido pelo mercado, gera um mais-valor que é apropriado não pelo trabalhador, mas pelo capitalista. Assim, Marx formulou a teoria do mais-valor, a teoria da exploração do trabalho no capitalismo. Veja que exploração nada tem a ver com as condições de trabalho e nem com baixos salários. Ela está relacionada à diferença entre o valor de troca da mercadoria força de trabalho no mercado e o produto de seu uso durante o processo produtivo.

Não fosse o mais-valor explicado pelo resultado da diferença entre valor de troca e valor de uso da força de trabalho, muito apropriadamente, ele o seria pelo "tempo de trabalho necessário" à produção e reprodução do trabalhador. É um fato claro como o dia que os frutos de trabalho não retornam para o trabalhador assalariado, ou seja, o valor é produzido socialmente, mas apropriado de forma privada, pois tudo que cabe ao trabalhador, como resultado da utilização de sua força de trabalho, é a sua reprodução tão somente como própria força de trabalho. Algum grau acima dessa condição foi conquistado somente por meio de muita luta da classe trabalhadora contra sua total exploração. No entanto, a luta entre o conjunto dos capitalistas e o conjunto dos trabalhadores, representa uma antinomia, como tão bem demonstrou Marx (2017a), ou seja, "entre direitos iguais, quem decide é força". Então, como a força é um monopólio do Estado, e como este é um Estado comandado por capitalistas (mesmo que de forma implícita), o grau civilizatório que pode ser atingido pelo capitalismo será sempre limitado pela remuneração da força de trabalho em torno de um valor que gira ao redor do tempo de trabalho necessário" à sua produção e reprodução. Em outras palavras, é um grau civilizatório no qual as relações sociais entre os indivíduos singulares, acontece a partir de uma sociabilidade/civilidade, que sempre envolve formas de exploração, dominação e expropriação.

Marx, ainda no livro I, nos apresenta uma terceira forma de explicar porque os frutos de trabalho não retornam para o trabalhador assalariado. Trata-se da "influência que o aumento do capital exerce sobre o destino da classe trabalhadora", que ele analisa no capítulo 23, "A lei geral da acumulação capitalista". Sendo a produção de mais-valor a lei a absoluta do modo de produção capitalista, a forma de sua reprodução implica sempre e, de forma continuada, a reprodução própria da relação capitalista; "capitalistas de um lado, assalariados de outro".

> Na realidade, portanto, a lei da acumulação capitalista, mistificada numa lei da natureza, expressa apenas que a natureza dessa acumulação exclui toda a diminuição no grau de exploração do trabalho ou toda elevação do preço do trabalho que possa ameaçar seriamente a reprodução constante da relação capitalista, sua reprodução em escala sempre ampliada. E não poderia ser diferente, num modo de produção em que o trabalhador serve às necessidades de valorização de valores existentes, em vez de a riqueza objetiva servir às necessidades de desenvolvimento do trabalhador. Assim como na religião o homem é dominado pelo produto de sua própria cabeça, na produção capitalista ele o é pelo produto de suas próprias mãos (MARX, 2017a, p. 697).

4.1. Aparência e essência da renda

Esperamos que tenha ficado claro nas seções anteriores que o problema da renda por nós delimitado vai muito além do problema da renda da terra. Da forma como o delineamos diz respeito a própria forma de sociabilidade/civilidade determinada pelo modo de produção capitalista. Nessa perspectiva, nenhum autor compreendeu de modo tão apropriado a dimensão do problema, tampouco formulou uma análise tão adequada quanto o próprio Marx. Precisamos acompanhar o desenvolvimento de seu pensamento até a seção VII, "Os rendimentos e suas fontes", do livro III, de "O capital", para entender a forma de sociabilidade possível a partir da combinação social de propriedade privada burguesa com generalização das trocas (estabelecimento de uma economia mercantil). Esta é a tarefa que nos propomos no restante desse capítulo.

Antes, contudo, faz-se necessário acrescentar algumas considerações preliminares para eliminar qualquer dúvida sobre a confusão entre renda, de forma geral, e renda como aluguel pelo uso da terra. Para tanto, acreditamos ser suficiente apresentar os "três erros principais" que devem ser evitados no tratamento da renda da terra, como exposto pelo próprio Marx (2017b, p. 695-698):

> [...] 1. A confusão entre as diversas formas da renda, que correspondem aos variados graus de desenvolvimento do processo social de produção [...]

2. Toda renda fundiária é mais-valor, produto de mais-trabalho [...]
3. Precisamente no caso da valorização econômica da propriedade fundiária, no desenvolvimento da renda fundiária, manifesta-se como característico o fato de que sua quantidade não esteja determinada em absoluto pela intervenção de seu receptor, mas sim pelo desenvolvimento do trabalho social, que independe da ação desse receptor e no qual ele não participa em absoluto [...].

Embora, Marx tenha também utilizado a renda diferencial em sua análise da renda da terra, o argumento de Ricardo não o convenceu totalmente. Conhecedor da história econômica que era, mostrou que a realidade não corroborava uma transferência de renda dos arrendatários para os proprietários por cima de um contrato anteriormente estabelecido. Tampouco, que pode existir o aluguel de uma porção definida do globo terrestre na qual o arrendatário não pague algum tipo de renda. As ideias de Marx sobre renda de monopólio (resultado do preço de monopólio de uma dada mercadoria produzida), e de renda absoluta (força de uma classe de produtores de elevar os preços dos produtos agrícolas acima do preço de produção geral da economia), procuraram avançar nesse sentido. Destarte, nossa análise neste item será basicamente restrita ao problema da forma trinitária da renda, como forma de sociabilidade necessária ao processo de reprodução ampliada do capitalismo.

O comentário a seguir não faz parte diretamente das ideias de Marx, mas dele pode ser derivado. Também se faz fundamental para o prosseguimento de nossa análise. Assim, como o dinheiro e mercadoria, a propriedade privada, no sentido estrito de autonomia do ser individual, sempre existiu ao longo da história social humana (claro que numa situação de escravidão ou de servidão a autonomia do ser encontra-se comprometida). Mas, o que queremos destacar é que a propriedade privada como direito objetivo é uma construção burguesa (a Revolução Francesa aboliu a propriedade privada feudal e instituiu a propriedade privada capitalista); tem como objetivo separar a sociedade entre proprietários (meios de produção e subsistência) e não proprietários (trabalhadores assalariados). Em economia, a propriedade privada burguesa implica no direito de um indivíduo singular tomar decisões individuais (ou por grupos econômicos) sobre recursos e resultados do produto da sociedade como um todo (alguns indivíduos têm riqueza pessoal que equivale a produção anual total de certos países). Portanto, não diz mais respeito somente a propriedade sobre o seu ser individual e as condições materiais que permitem a satisfação de suas necessidades sociais. A propriedade privada capitalista fornece a um indivíduo singular a possibilidade de decidir sobre a condição e o destino de milhares de outros indivíduos.

A propriedade privada burguesa apresenta-se, assim, como a contrapartida jurídica do processo de separação entre os trabalhadores e a propriedade das condições da realização de seu trabalho, quando do desenvolvimento da generalização das trocas, ou seja, do estabelecimento da economia mercantil e do capital mercantil, consequentemente. A declaração de que todo homem tem direito à propriedade constitui uma construção enganosa, pois abre a possibilidade de indivíduos singulares se apropriarem de recursos naturais (que pertencem a toda sociedade) e da produção social de forma privada e indiscriminada. A construção social da ideia do rendimento total dividido entre salário, lucro e renda da terra, e a resultante lei geral da acumulação capitalista, que ocorre com a consolidação do capitalismo, obedecem a essa mesma lógica humanamente nefasta.

Conforme explica Marx no capítulo 48, "A fórmula trinitária", do livro III de "O capital", a trindade capital-lucro (lucro mais juros), terra-renda fundiária e trabalho-salário, contém "todos os segredos do processo de produção social" do modo de produção capitalista. Na aparência apresentam-se como distintas fontes de riqueza, cada uma "[...] separadamente relacionada a seu produto como aquilo que é derivado e produzido por ela [...]" (MARX, 2017b, p. 879). Na essência representa tão somente uma formação histórico-social específica, fundada numa certa configuração de produção de valor, mais-valor, e de distribuição historicamente fabricadas socialmente.

No capitalismo, o valor como produto social resultante do trabalho aplicado à transformação da natureza em utilidades sociais, deixa de ter uma existência real e assume um caráter abstrato (autonomização do valor de troca em relação ao valor de uso). Essa inversão, talvez a primeira derivada da generalização das trocas, constitui também um primeiro passo no processo de alienação do indivíduo singular em relação a mercadoria e, também, na direção de criar uma forma válida (juridicamente estabelecida) de justificar outra abstração necessária a existência do capitalismo, enquanto forma particular de sociabilidade; que o produto social talvez não seja assim tão social. O caráter abstrato do valor já se constitui capital, pois pressupõe a produção para a troca, o dinheiro, a existência, de um lado, de capitalistas e, de outro, de trabalhadores assalariados, e a necessária apropriação do valor em termos de mais-trabalho pelos primeiros. Assim, como nos explica Marx (2017b, p. 882):

> [...] O capital tem como um de seus aspectos civilizadores o fato de extrair esse mais-trabalho de maneira e sob condições mais favoráveis ao desenvolvimento das forças produtivas, das relações sociais à criação dos elementos para uma nova formação, superior às formas anteriores de escravidão, da servidão [...].

Todavia, essa "formação superior" levou a sociabilidade/civilidade capitalista a um beco sem saída, no qual o grau de polarização social, a desigualdade, a predação da natureza, têm tensionado a sociedade humana ao ponto de sua própria destruição; sem, entretanto, causar a própria superação do capitalismo como forma de sociabilidade. Estamos, assim, em uma situação na qual parece que o capitalismo tem mais força para destruir a sociedade do que esta tem força para destruir a sociabilidade nefasta promovida por ele. O poder do capitalismo de criar uma fantasia na qual a própria humanidade provoque sua autodestruição não pode ser menosprezado. Nesse sentido, a aventura capitalista é uma etapa da história social que precisa ser superada urgentemente.

Marx (2017b), demonstra de forma lógica como as composições da trindade terra-renda, capital-juros, trabalho-salário (preço do trabalho), são, *prima facie*, impossíveis.

> Primeiro, há o valor de uso da *terra*, que não tem valor nenhum, e o valor de troca *renda* – de maneira que uma

relação social, concebida como coisa, está posta em relação com a natureza; logo, duas grandezas incomensuráveis que guardam entre si uma proporção recíproca. Em seguida, *capita-juros*. Se o capital é compreendido *prima facie* como certa soma de valor, representada de forma autônoma em dinheiro, então é tolice que um valor tenha de valer mais do que seu valor real. Na forma capital-juros desaparece toda a intermediação, e o capital é reduzido a sua forma mais genérica, mas também por isso a uma fórmula inexplicável e absurda [...] Finalmente, *trabalho-salário*, o preço do trabalho [...] contradiz o conceito de valor, assim como o preço, que, em geral, não é propriamente mais que uma expressão determinada do valor; e 'preço do trabalho' é, do mesmo modo, algo tão irracional quanto um logaritmo amarelo (MARX, 2017b, p. 880-881).

Se a citação acima ainda parece muito abstrata avancemos um pouco mais no problema da renda. A produtividade do trabalho está relacionada a quantidade de valor de uso que ela produz durante o tempo de trabalho e de mais-trabalho. Deste último, depende a riqueza material efetiva da sociedade e a possibilidade de aumentar a capacidade do processo de produção. Na sociedade capitalista o mais-trabalho, na forma de mais-valor, se distribui entre os capitalistas "como dividendos em proporção à cota de capital social pertencente a cada um." Dessa forma, lucro do capital ("lucro empresarial mais juros") e renda fundiária são, nada mais, que componentes específicos do mais-valor, ou seja, apropriação privada do excedente do produto social. Por outro lado, trabalho-salário, da forma que se apresenta no capitalismo, não tem nada a ver com a distribuição do valor da produção entre capital e renda, pois conforme a citação acima, o preço do trabalho é uma expressão irracional; não guarda "qualquer relação com o trabalho na qualidade de agente geral da produção". Todavia, do ponto de vista da realidade concreta, os rendimentos lucro, renda da terra e salário, "são todos integrantes da mesma esfera, a do valor". A trindade aparece, portanto, como uma inversão, pois separa por classes e de maneira muito desproporcional o que é produzido pela sociedade: "[...] A distribuição pressupõe, pelo contrário, a existência dessa substância, isto é, o valor total do produto anual, que nada mais é que trabalho social objetivado. Porém, a questão não se apresenta nessa forma para os agentes da produção, que exercem diferentes funções no processo de produção, mas, antes, numa forma invertida [...]" (MARX, 2017b, p. 885). Assim, essa construção social, a de uma sociabilidade baseada em lucro-juro, salário e renda da terra, pode ter sido a forma social possível de distribuição do valor do produto social possível, até agora. Porém, ela tem se mostrado cada vez mais avessa (contrária) a existência social, de forma geral, e a condição humana, de forma particular, no seu sentido plural; pelo simples fato de todos nós sermos seres humanos.

O problema da renda apresenta-se, então, como resultado do processo de autonomização das condições de trabalho (meios de trabalho e terra) em relação ao trabalho. A força mistificadora desse processo revela-se na inversão que faz com que capital, propriedade fundiária e trabalho assalariado apareçam como "[..] fontes das quais, como nascente última, brota, portanto, o próprio valor do produto [...]" (MARX, 2017b, p. 889).

> [...] Desse modo, o capital já se transforma num ente altamente místico, na medida em que todas as forças

produtivas sociais do trabalho aparecem como forças pertencentes ao capital, e não ao trabalho como tal, como forças que têm origem no seu próprio seio [...] O mais-valor, na forma de lucro, já não se refere à parte do capital desembolsada em trabalho, do qual deriva, mas ao capital total [...] Tudo isso contribui para esconder cada vez mais a verdadeira natureza do mais-valor e, por conseguinte, o verdadeiro mecanismo que move o capital [...] Os próprios lucros médios aparentam ser intrínsecos ao capital; independentes da exploração [...] A autonomização da forma mais-valor, sua ossificação em relação a sua substância, a sua essência, completa-se com a divisão do lucro em lucro empresarial e juros [...] Em contrapartida, os juros, aparecem, então, como independentes, seja do trabalho assalariado do trabalhador, seja do próprio trabalho do capitalista, e como tendo origem no capital como sua fonte própria e independente [...] Está consumada a mistificação do modo de produção capitalista, a reificação das relações sociais [...] o mundo encantado, distorcido e de ponta-cabeça [...] (MARX, 2017b, p. 890-892).

Não pode haver uma forma mais clara de descrever o problema da renda, como delineada nesse livro, do que a expressa por Marx no parágrafo acima. Com ela completamos a nossa análise sobre o tema. Creio que se esse texto tem alguma virtude, ela se deve a demonstração de que a forma trinitária é uma construção social, não uma lei da natureza. Sendo ela uma construção social e tendo nos conduzido, como sociedade, a um beco sem saída, no que tange a uma forma específica de sociabilidade/civilidade, ou alteramos tal construção ou ela nos destruirá.

Por fim, nunca é demais lembrar, coube a Marx a inestimável grandeza, o feito intelectual, de solucionar o enigma da esfinge (capitalismo), o que fizemos nessa parte do livro foi tão somente mostrar que a esfinge continua a nos devorar porque ainda não a matamos.

5. Comentários contemporâneos

Essa parte do livro reflete a problemática tratada nos itens anteriores; porém, foi escrita de forma mais livre ao invés de seguir um método estritamente científico. Assim, apresenta-se mais como um grito de revolta e um chamado para luta contra o tipo de sociabilidade invertida criada pelo capitalismo e aprofundada ao extremo na contemporaneidade. Foi extraída de nosso trabalho anterior intitulado "A sociedade como ela é e a sociedade como ela poderia ser: ensaio econômico de autoajuda coletiva".

****

A história econômica do desenvolvimento capitalista se apresenta muito conturbada e violenta. Decidimos por um tipo de propriedade que desencadeou uma série de conflitos intermináveis entre a economia e a sociedade civil, onde o Estado, ora ficava a favor de um, ora de outro, mas, de forma geral, sempre foi mais favorável a economia. As empresas apoiadas na propriedade privada implementaram estratégias para reter todo e qualquer excedente econômico, acumulando e concentrando toda a riqueza para elas. Assim, separou a sociedade em ricos e pobres.

As instituições da sociedade civil criadas para amenizar as diferenças sociais geradas pela propriedade privada não têm força suficiente para inverter a lógica da acumulação capitalista. No capitalismo tudo que é contrário ao lucro e à acumulação é também contrário a essa forma de sociabilidade. Dessa forma, as empresas continuaram fazendo o que sempre fazem, gerando lucro e acumulando em escala sempre crescente à revelia da sociedade; o mercado reina de forma absoluta sobre a sociedade. A incorporação do progresso técnico autonomizou totalmente a economia tanto do Estado quanto da sociedade civil.

De forma geral, foram as empresas que nos libertaram do jugo da natureza. O crescimento econômico agora pode ser realizado de forma intencional, não depende totalmente das estações do ano ou das intempéries do clima, como no passado. A vida cotidiana parece ter ficado mais fácil, do ponto de vista da satisfação das nossas necessidades mais prementes. Mas, o preço social cobrado para tanto foi sempre muito elevado. As empresas puderam acumular mais e mais e concentrar riqueza material para seus proprietários. Entretanto, nós, pessoas comuns, que não pudemos acumular nada mais que somente a nossa força de trabalho, nos tornamos nada mais que um apêndice, uma mercadoria qualquer aos olhos delas. Fomos separados entre os que atuam diretamente no processo de produção, os que administram e os que pensam os novos estágios do processo, mas sempre reproduzindo de um lado capitalistas e, de outro, trabalhadores assalariados, cada vez mais com trabalhos de perfil ocupacional extremamente precarizados em sua maioria; apenas uma minoria recebendo remunerações estratosféricas pelas funções modernas e mais "nobres" do capitalismo da era das novas tecnologias da informação.

As promessas de liberdade e igualdade se tornaram simples ornamentos. Passaram a depender exclusivamente do esforço pessoal. O discurso é o de que se nos esforçarmos, se trabalharmos muito, a vida inteira, também poderemos acumular riqueza material tal como o proprietário da empresa, para muito além das nossas necessidades corriqueiras. Assim, as empresas alienaram a todos nós.

É um processo de ilusão, muitos de nós nem nos apercebemos; trabalhamos, trabalhamos e trabalhamos, chegamos ao nosso fim, e nem percebemos que tudo que fizemos na vida foi para satisfazer a necessidade de lucro incessante das empresas. Talvez, o processo de alienação tenha atuado de forma tão perfeita que nem tenhamos pensado nos nossos próprios objetivos de vida, enquanto ser individual e ser social, mas tão somente seguido os objetivos de alguma empresa.

A propriedade privada, de forma geral, o lucro e sua apropriação privada, de forma específica, criaram um processo social altamente problemático, contraditório.

Assim, a violência, a desigualdade e a "crueldade" dos processos naturais foram transportados para os processos sociais. E, dessa forma, chegamos no mundo social tal como ele se configura na contemporaneidade. A sociedade separada entre ricos e pobres, a dominação da sociabilidade pelo lucro das empresas; o Estado também submisso, realizando todas as vontades das empresas e indo contra uma sociabilidade baseada no Valor Social; em favor exclusivamente da apropriação privada sem medidas da riqueza material produzida por toda sociedade.

As empresas atingiram um grau de desenvolvimento tão sofisticado que ultrapassaram suas formas tradicionais de dominação, de expropriação e de exploração. Elas agora através da Inteligência Artificial manipulam mentes e corações, determinam comportamentos sociais e estão até decidindo eleições presidenciais.

O mundo contemporâneo é também o da grande indústria. Ela revolucionou tanto o processo produtivo quanto autonomizou o capital. A autonomização do capital é a submissão de tudo e de todos a um único objetivo, a ampliação dos lucros das empresas. É um objetivo que se pretende social, mas é exclusivamente privado, antissocial. É um processo que implicou em subsumir os mercados de produtos e de fatores produtivos (terra, trabalho e capital), o progresso técnico e a própria sociabilidade ao lucro empresarial (acumulação de capital).

Ao lado da completa autonomização do capital, a luta de classes também se apresentou muito emblemática no século XX. Ao mesmo tempo presenciamos tanto a sua "normalização" pelo capitalismo, quanto assistimos o surgimento, o desenrolar e, em alguns casos, o declínio ou a transformação, das suas revoluções socialistas e anticolonialistas. No entanto, o mais curioso foi que nem as revoluções socialistas conseguiram eliminar a luta de classes.

O século XX pode ser caracterizado como o curto século das transições. Curto no sentido de uma forma específica de acumulação (a obtenção de lucro se dava principalmente no setor produtivo) e curto, ainda, no sentido de um tipo específico de relação entre trabalho e capital.

Do ponto de vista da acumulação, vivenciamos os resultados da Revolução Técnico-Científico-Informacional, da década de 1970 até o presente, a partir da qual a forma predominante de acumulação deixou de ser a industrial e passou a ser a digital-financeira, muito mais problemática para sociedade e para as relações entre trabalho e capital. Pois, nela o dinheiro gera diretamente mais dinheiro, ou seja, não há a necessidade de intermediação do processo produtivo. Logo, as ocupações geradas por esse setor ou são muito valorizadas, como no caso do *Chief Executive Officer* (CEO) e sua equipe, ou são muito desvalorizadas, como no caso dos serviços gerais necessários para o seu funcionamento.

Do ponto de vista da relação entre trabalho e capital presenciamos a racionalização da produção através do taylorismo e do fordismo, a partir da qual foi estabelecida a relação entre taxa salarial e produtividade. Mas, foi só com o Estado de bem estar social, do final da Segunda Grande Guerra até o final dos anos 1970, que presenciamos nos países do capitalismo central, devido às elevadas taxas de crescimento econômico e a pressão dos trabalhadores, um breve recuo do processo de exploração capitalista.

Entre o fordismo e a Revolução Técnico-Científico-Informacional tivemos três ajustes espaciais violentos, a Primeira Grande Guerra, a Grande Depressão e Segunda Grande Guerra. Os ajustes espaciais são aqueles momentos históricos em que os capitais precisam se renovar, seja através da sua própria destruição relativa, da conquista de novos mercados, das guerras ou das inovações tecnológicas. Estas últimas são imprescindíveis para gerar melhorias nas condições sociais. Todavia, além de funcionarem para concentrar cada vez mais riqueza nas mãos das empresas, elas também têm causado efeitos extremamente nocivos sobre o mundo do trabalho e sobre a nossa sociabilidade. A quantidade de trabalhadores dispensados pelo avanço tecnológico, os processos de terceirização e de *uberização* do trabalho, são fenômenos que implicam tanto um aumento do nível de empobrecimento quando de precarização das condições de trabalho.

Também, nesse período, assistimos a um conjunto de lutas anticapitalistas: a Revolução Russa (1917); Revolução Chinesa (1949); Revolução cubana (1959); e as lutas anticolonialistas de independência nacional intensificadas nos anos 1950 e 1960.

Um quarto ajuste espacial teve início a partir dos anos 1970, quando os aparelhos industriais da Europa e da Ásia já haviam sido reconstruídos (dos escombros da Segunda Grande Guerra). O capital em crise então se apropriou de uma nova força colossal capaz de implementar uma transformação proporcionalmente colossal em todos os domínios da totalidade social.

Uma nova era se abriu no processo de mundialização do capital varrendo não somente as experiências anticapitalistas, mas subsumindo todos os conteúdos da vida, social, econômica, política e ideológica aos desígnios dos imperativos econômicos capitalistas. Ressignificou o Estado, as relações entre nações, a política, o trabalho, até retirar os últimos vestígios de humanidade do ser humano. Parece ser este o último estágio do processo de nossa alienação, a fetichização do próprio homem. O fetiche é um desejo que nos domina.

Agora, além do fetiche da mercadoria e do fetiche do dinheiro, parece existir um outro no qual o objeto fetichizado é o próprio homem em suas relações sociais. Podemos expressá-lo desse modo.

É possível que o nosso valor de uso enquanto homens (atributo de ser consciente e autônomo como ser social), tenha algum interesse para o capital. A nós e entre nós, como homens-coisa, o valor de uso em si não diz respeito, porque aceitamos que somos somente um meio para um fim, do capital. O que nos diz respeito reificadamente é o quanto podemos ser explorados (gerar mais valor); disso não reclamamos, pois de algum modo somos convencidos do sonho da riqueza abstrata que nos espera no fim do caminho. Porém, nossa própria circulação, como coisa-mercadoria, nos afasta e nos condena a uma alienação perpétua, tanto no plano vertical quanto no horizontal. A primeira, diz respeito à alienação da relação capital/trabalho. A segunda, retrata a alienação entre nós, homens-coisas, que nos relacionamos uns com os outros apenas como valores de troca, como indivíduos abstratos, cada vez mais individualizados e bestializados pelas novas tecnologias. Aguardamos apenas as ordens do capital (simbolizando o homem-homem, o verdadeiro, o caminho), emitidas para poucos de nós que permaneceremos coisas; aqueles de nós não chamados nem coisas podemos mais ser.

A fetichização do homem acontece quando as relações sociais entre os mesmos são mediadas pelo homem como não ser, como coisa, o homem-coisa, alienado, bestializado e coisificado, tanto pela relação capital/trabalho quanto pelas relações sociais no próprio mundo do trabalho. Esse fetiche faz parte dos resultados humanos da Revolução Técnico-Científico-Informacional. Especificamente o de promover um processo incessante de fetichização do homem ao lhe proporcionar uma falsa sensação de autonomia, liberdade e de autoconhecimento.

  Enquanto esse livro foi escrito se desdobrou nos EUA uma discussão acalorada sobre se o aumento do salário mínimo para US $ 15, a hora. Desde 2007, o salário mínimo federal é de US $ 7,25 a hora. Estima-se que um salário de US $ 15, poderia tirar quase 1 milhão de americanos da pobreza, aumentando o salário de até 27 milhões, mas poderia resultar também na perda de até 1,4 milhão de empregos. No entanto, na verdade, deveriam estar discutindo o porquê de existir um salário mínimo. Pois, se as necessidades sociais são iguais, nada mais social que se estabelecerem rendimentos monetários iguais para o conjunto da população. Deveriam discutir também sobre a função social da produção, da propriedade; não como instrumentos de acumulação desenfreada de riqueza abstrata (dinheiro), mas a partir de sua função social, como meios de prover habitação, saúde, educação, transportes. Enfim, infraestrutura produtiva e social para toda a sociedade. Em outros termos, parece que o Estado não pode resolver as contradições da sociedade capitalista porque também é próprio dele tal contradição.

  É hora de lutar para tornar o sonho de liberdade e de igualdade uma realidade. Se uma nova sociabilidade é real em nossa mente, ela pode ser real no mundo, nem que para isso tenhamos que derrubar Deuses. E será justamente essa a nossa tarefa: destronar o Deus da riqueza abstrata (o capital e suas representações materiais, a mercadoria e o dinheiro), e destronar a Deusa tecnologia da informação e seus instrumentos de manipulação e alienação; a mídia, os algoritmos, e a digitalização (inclusive da própria vida)

Esse será o caminho para destituir os poderes opressores da economia e do Estado. Temos que eleger os bens sociais como prioritários, retirá-los da lógica do processo de acumulação e de concentração privada de riqueza abstrata. Temos que reestabelecer o seu caráter social.

As mercadorias para satisfação das necessidades individuais devem retomar também o seu caráter de utilidade social – e não se prestar para acumulação de riqueza abstrata sobre os demais indivíduos singulares.

Para tanto, temos que lembrar que o excedente econômico é um resultado social, sendo assim, a sua aplicação tem de ser também social. Não pode e nem deve atuar como um instrumento de distinção entre as pessoas; seu caráter é por natureza social. Se o lucro é a forma como o excedente econômico se apresenta na economia contemporânea, ele deve ter dois destinos: a ampliação e a modernização da produção; e a ampliação e a modernização de atividades que tenham por objetivo o atendimento das necessidades sociais de forma igual para todos os membros de uma população.

Sendo assim, nem a mercadoria, nem o dinheiro, e nem o Capital, precisam ser suprimidos da coletividade. Eles podem ser ressignificados. Deixarão de atender interesses egoístas privados e assumirão suas funções coletivas: a satisfação de necessidades individuais e sociais, a troca; e a ampliação e modernização das atividades produtivas (e de todas as outras atividades ligadas a elas).

A mercadoria já foi simplesmente um objeto material ou imaterial para satisfação das necessidades do estômago ou do espírito. Hoje, ela se apresenta como um poderoso instrumento de alienação de corações e mentes.

A forma como estamos expostos a inteligência artificial, e o próprio propósito desta última, nos faz duvidar do que realmente obtemos com o uso da *internet*, por exemplo. Seria, realmente, a conquista de nossa autonomia individual? Seria conhecimento? Seria uma interação social "saudável"?

Na verdade, parece muito mais uma grande distração. Enquanto isso nossos dados, nossos interesses particulares, nossos medos, anseios, necessidades, enfim, todos os nossos sentimentos são coletados artificialmente, tão somente para o propósito de aumentar os lucros das Empresas. O resultado é manipulação e controle. Manipulação porque dirigem nossas atenções, controle por que dirigem nossas intenções.

Enquanto o lucro acumulado de forma privada continuar existindo não conseguiremos gerar uma forma de sociabilidade livre da expropriação, exploração e dominação do trabalho social. Temos que rasgar o véu que nos cega para um mundo verdadeiramente social, no qual o Valor Social, como horizonte da sociabilidade, tenha um sentido coletivo.

Chega de lucro privado e acumulação desenfreada de riqueza abstrata como Valor Social primordial. Nem mesmo a Tecnologia da Informação e suas mais deslumbrantes distrações conseguirão mais nos iludir sobre a ficção do salário. Nem de que a distribuição do produto social como acontece é uma lei econômica natural, e nem que o Estado não representa os interesses da economia em detrimento da sociedade civil.

Cada casa, cada escola, cada local de trabalho deve ser um lugar de luta. Libertemos a sociedade civil, porque a sua liberdade representa a sua autonomia. E a sua autonomia é a forma de enquadrar a economia e o Estado para o estabelecimento de uma nova sociabilidade que tenha como Valor Social primordial a Condição Humana, isto é, a garantia de liberdade, igualdade e de reciprocidade entre os seres humanos.

Já fomos escravos e servos. Fomos subjugados pelo poder político de reis e de senhores feudais. Agora somos assalariados, somos juridicamente livres, mas somos escravos da economia. Mas, agora também temos como lutar. Descobrimos o segredo de tanta exploração e expropriação, a causa de existirem ricos e pobres. É a apropriação privada do excedente econômico que é produzido socialmente. Lutemos para tornar o excedente econômico social, somente assim igualdade jurídica e igualdade econômica poderão vigorar como norma social.

Precisamos também lutar para despersonalizar o Estado. Ele deve representar o que se espera que ele represente, a sociedade civil. Ele é a forma política da sociedade civil. A sua condução não deve nunca estar associada a uma personalidade, a um indivíduo singular, por mais "singular" que ele possa parecer. A sua condução deve ser realizada sempre via Conselhos para todos os seus poderes e Órgãos relacionados. Os seus representantes têm de ser profissionais de carreira, ou seja, funcionários concursados. E que, de tempos em tempos, esses funcionários se reversem nos cargos de direção a partir do voto de seus pares. Secretarias e ministérios devem também assim funcionar, de forma impessoal.

No caso do poder executivo (presidente, governador, prefeito), se tivermos alcançado o objetivo da utilização social do excedente econômico, as suas funções se tornarão basicamente de acompanhamento e de modernização, para que a igualdade e a liberdade caminhem lado a lado com o crescimento econômico.

Não podemos nem devemos confiar o destino de uma cidade ou de um país a um único homem. A solução tem de ser outra. Os Conselhos, vistos como instituições, substituirão a solução personalizada dos mandos e desmandos do poder político em todas as suas esferas de atuação social.

Imagine o sistema econômico como um grande sistema de criação de mercadorias e de fluxo de dinheiro. Imagine que tudo ocorra através de um grande sistema de compensações. Imagine três tipos de mercadorias. Uma para o consumo final ou atendimento das necessidades sociais e individuais, sejam elas materiais ou imateriais. Uma intermediária que seja insumo; entra no processo de produção de outras mercadorias, e são totalmente absorvidas no processo. Uma terceira, representada pelas máquinas, ferramentas e infraestrutura econômica geral, formando a base para produção. Estas possuem a característica de durarem por vários ciclos produtivos.

Podemos pensar também em uma quarta mercadoria. Esta, por sua vez, depende de um trabalho contínuo e seus resultados de tempos em tempos são incorporados nas três outras mercadorias. Podemos denominá-la de conhecimento acumulado ou de progresso técnico, como preferirem.

Para qualquer agrupamento humano existir como sociedade se faz necessário a presença das quatro mercadorias anteriormente citadas. Uma Empresa produz mercadorias não para ela mesma. Para mercadoria circular na sociedade é necessário que ela represente uma utilidade social. Satisfeita a característica de utilidade social ela passa de uma mão a outra pela troca.

A troca, por sua vez, para ser realizada necessita de um conjunto de intermediações. A intermediação final é representada pelo dinheiro. O dinheiro é o "equivalente universal" que representa o valor de todos os bens. Valor que é expresso nos preços das mercadorias.

O dinheiro já foi moeda, ele já teve seu próprio valor. Era o valor representado na quantidade de ouro e prata que carregava em seu corpo. Com o desenvolvimento das trocas o dinheiro se libertou das amarras dos metais preciosos, passou a ser representado por um papel que funcionava como uma garantia de aceitação geral do que nele estava escrito, mas ainda podia ser convertido em uma certa quantidade de ouro ou prata.

Com o Estado, a criação do Banco Central e do Sistema Financeiro, o dinheiro passou a ter "curso forçado" (aceitação na economia por força de lei), ou seja, o Estado passou a ser o garantidor, em última instância, do "valor" daquele papel. O dinheiro alçou mais um grau rumo a sua libertação total da corporeidade da moeda e das mercadorias, pois não precisava mais ser lastreado. Afinal, qual garantia pode ser maior que a do próprio Estado?

Hoje, o dinheiro se desmaterializou totalmente, transformou-se em "zeros e uns digitalizados e criptografados, envidados por cabos de fibra ótica a velocidade da luz para contas em bancos sem nenhuma localização física". O dinheiro inverteu todas as qualidades humanas e determinou o que somos, não pelas nossas capacidades, mas pelo que com ele podemos comprar. Não para os indivíduos singulares, somente para as empresas. Com ele podem comprar honra e glória (também fabricam artificialmente esses itens), podem comprar toda a humanidade e colocá-la no bolso. Portanto, esse é outro Deus para ser destronado.

Até aqui temos a descrição de duas grandes esferas da economia: produção e circulação. A terceira grande esfera é a distribuição. Aqui que tudo se complica devido aos objetivos constantes nas outras duas esferas. Na esfera da produção quem produz mercadorias, produz não para satisfação das necessidades das pessoas. Embora, de qualquer forma essa produção tenha que satisfazer o conjunto das necessidades sociais para essa sociedade continuar sua existência (reprodução e ampliação). No final das contas, quem produz a mercadoria produz para obter lucro, a satisfação das necessidades é só uma consequência. O lucro e sua apropriação pelas empresas vigoram como objetivos primordiais.

O lucro representa a diferença entre o custo total de produção (custos de produção e impostos) e a receita total auferida pela venda das mercadorias. O lucro atua como um incentivo ao produtor porque representa uma promessa de acumulação de riquezas materiais. Logo, por esse raciocínio, as empresas e seus proprietários se constituiriam uma classe privilegiada, porque a partir da sua atividade se abre a possibilidade de acumulação infinita de riqueza material.

O mesmo raciocínio pode ser aplicado à classe das empresas que comandam a esfera da circulação. Elas não produzem "nada", apenas fazem circular as mercadorias, mas quando vendem a produção através dos seus canais de distribuição, elas também realizam o mesmo tipo de contabilidade da classe produtora. O lucro também representa a diferença entre o custo de compra das mercadorias, os custos de manutenção e transporte (recebimento e entrega), os impostos e a receita total obtida pelas vendas.

O problema da configuração e organização da sociedade começa com a forma de entendimento do lucro. Ao se confundir a apropriação particular do lucro com os objetivos sociais de uma coletividade, derivam-se as condições para um processo de socialização totalmente invertido: o individual se torna mais importante que o coletivo e este transforma-se em uma mercadoria que ao gerar o excedente econômico torna-se, também, objeto de exploração, de expropriação e de alienação.

Na teoria econômica tradicional o produto é repartido de acordo com a participação de cada fator produtivo no produto total. O capital recebe lucro e juro, o dono da terra recebe aluguel e o trabalhador assalariado, salário. Então, como cada fator recebe de acordo com a sua participação, em tese, ocorre 'justiça" no referido processo de distribuição.

Todavia, nunca houve, nem há, nem haverá justiça distributiva por essa forma de raciocínio. Ela é decorrente da confusão que fazemos do conceito de propriedade, como citado anteriormente. O uso corriqueiro do termo propriedade está diretamente associado à acumulação de riqueza material. Dessa forma, como os produtores e os comerciantes têm a vantagem da produção e do comércio, terão sempre vantagem em relação à classe dos trabalhadores assalariados, quando a questão é a apropriação do excedente econômico. Estamos diante de um processo de expropriação, de um roubo secularmente realizado sobre o produto coletivo da sociedade.

Nesse ponto, reside um grandioso distanciamento entre o extraordinário desenvolvimento que alcançamos em termos de forças produtivas (meios de produção e força de trabalho) e a nossa forma de sociabilidade. As empresas são imprescindíveis, mas elas estão se apropriando de um resultado coletivo e levando o mundo a uma extrema polarização social e uma destruição sem precedentes da natureza.

A nossa forma de sociabilidade parece não ter se alterado desde nossas primeiras sociedades até o presente. Isso deve ser entendido de forma relativa. De forma absoluta, passamos do escravismo para o feudalismo e para o capitalismo. Mudamos nossas relações sociais de produção do tipo escravo, para servil, e agora, trabalho assalariado. Destarte, o que há de comum entre todas essas formas de relações sociais é a exploração do trabalho e a expropriação do excedente econômico.

Podemos ser juridicamente livres, mas economicamente somos ainda escravos, do lucro e de sua apropriação privada. A maioria de nós tem que trabalhar a vida inteira, muitas vezes sem trabalho regular, ou mesmo em condições em que tudo que se consiga com tal salário seja um atendimento precário das nossas necessidades individuais e sociais.

Em resumo, a forma salário como existente no mundo contemporâneo somente permite uma sociabilidade precária entre os indivíduos singulares, porque uma parte dele é apropriada privadamente como excedente econômico pelas Empresas. É como se a sociedade fosse regida pelas regras da natureza e não por regras sociais. Sociais, no sentido de considerar a Condição Humana como igual para cada um e para todos os homens.

A estrutura econômica é formada a partir das relações sociais de produção. Nesse contexto, se todo o desenvolvimento econômico ocorreu por fora da igualdade econômica e, se o processo de distribuição é realizado de acordo com a participação de cada fator no processo produtivo, e sendo, ainda, o lucro um elemento de diferenciação social, a igualdade econômica não pode corresponder a igualdade jurídica estabelecida.

Pelo mesmo raciocínio, se o poder político tem como base o poder econômico e se esse é repartido de forma desigual, consequentemente, o poder político também será desigual, o que terá sempre como resultado processos sociais de exploração, de expropriação e de alienação.

A única forma de reestabelecer um equilíbrio de forças na sociedade seria através de um processo de equiparação entre igualdade jurídica e igualdade econômica. Se não entendermos que a única forma possível de dar Condição Humana semelhante para todos tem de ocorrer necessariamente através dessa equiparação, continuaremos estabelecendo uma sociedade na qual impera a exploração econômica em todas suas formas e níveis; entre gêneros, entre raças e povos.

Decidimos pelo tipo de sociabilidade que temos hoje no momento em que decidimos também que o excedente econômico deixou de ter um caráter social e passou a ter caráter privado. Talvez o caráter social do excedente somente tenha sido percebido em comunidades nas quais a divisão social do trabalho ainda era muito incipiente, como uma comunidade de caçadores ou coletores. Na medida em que foi alcançada uma divisão entre trabalho intelectual e trabalho manual, talvez aí já se tenha decidido pela apropriação privada do excedente econômico coletivo.

Mas, o nosso interesse está no presente. O tipo de sociabilidade estabelecida está diretamente relacionado a forma de repartição do produto e a forma de apropriação do excedente (lucro superior as necessidades de funcionamento de um negócio). Na economia moderna o excedente econômico é a parte do lucro que sobra depois da empresa ter pago todas as suas despesas e feito uma reserva para sua modernização e ampliação. Essa forma de contabilidade também é realizada por todos os demais setores econômicos. Todavia, ele é apropriado privadamente, é propriedade da empresa que o gerou, ou melhor, é uma forma de privilégio antissocial.

Mas, se alterássemos o caráter privado do lucro, qual seria o resultado em termos de alteração na sociabilidade existente hoje? E, se alterássemos também o caráter da propriedade privada, quais seriam as implicações em termos da nossa sociabilidade? Será que conseguiríamos equiparação entre igualdade jurídica e igualdade econômica?

Para alterar o caráter da propriedade precisamos estabelecer um princípio. A propriedade privada não é diferente da própria Condição Humana. Este é o princípio geral. Portanto, se a propriedade privada diz respeito a própria individualidade do ser, a sua autonomia enquanto ser singular e ser coletivo, e a Condição Humana está relacionada a todas as características que compõem o essencial da existência humana; logo, não deveria existir diferença entre o individual e o coletivo, pois o indivíduo se torna o coletivo e o coletivo é o fundamento da Condição Humana.

Para o estabelecimento desse princípio deve-se supor que todas as necessidades sociais inerentes ao estágio de desenvolvimento tecnológico de uma sociedade possam ser ofertadas para cada um e para todos os membros da sociedade de forma igual. Ou seja, todos os indivíduos poderão ter acesso a níveis iguais de serviços de saúde, educação, habitação, alimentação etc, etc, etc. Para tanto, será necessário suprimir a diferença entre o poder de compra das Pessoas Comuns e das Pessoas Não Comuns.

Portanto, somente será possível gerar uma forma de sociabilidade, que não envolva exploração e expropriação, a partir da ressignificação do lucro e do salário. Precisamos encontrar uma forma de distribuição que transforme a natureza do lucro de privado para coletivo, de pessoal para social. A igualdade econômica é condição para a igualdade jurídica. A igualdade jurídica sem a proporcional igualdade econômica nos trouxe a um mundo de extrema desigualdade social e ameaça ambiental.

Para estabelecer a igualdade econômica será preciso também eliminar o caráter meritocrático da sociedade capitalista. A meritocracia é a forma moderna de distribuição do produto nessa sociedade. Como atualmente existe uma infinidade de funções sociais, a distribuição do produto total passou a ser relacionada com tais funções. No início do capitalismo era fácil entender a sociedade como dividida em três grandes classes, por exemplo, capitalistas, proprietários de terra e trabalhadores assalariados.

Na contemporaneidade isso é de fato muito mais complexo. De qualquer forma, a lógica distributiva é a mesma. Funções sociais diferentes são remuneradas de forma diferente, de acordo com a hierarquia de valor social que seja atribuída a cada função. O que não altera em nada o resultado final: geração de dois polos, um de riqueza e outro de pobreza, com uma infinidade de funções sociais representando remunerações intermediárias. Um pequeno conjunto delas que se aproxima do polo da riqueza (que dificilmente aceitaria a proposta aqui apresentada, pois imagina como uma perda), e um grande conjunto que está representado mais perto da pobreza ou, ainda, numa situação mediana (que também podem com o conjunto anterior representar uma classe revolucionária da sociedade).

A distribuição do excedente, via princípio da Condição Humana, também leva em consideração que todas as funções sociais devem ser remuneradas de igual forma. Pois, esse é o único meio de igualar a satisfação das necessidades sociais de um indivíduo singular ao de outro.

Portanto, o único caminho possível para atender as necessidades sociais de forma igual, sem desconsiderar as vontades individuais, está relacionado ao tratamento das contradições reais do dinheiro, da mercadoria e do capital; os representantes oficiais do Valor Social estabelecido pelo utilitarismo capitalista.

Precisamos, simultaneamente, negar o dinheiro, a mercadoria e o Capital (lucro sobre lucro, também podemos assim nos referir), como objetos de apropriação privada e, ao mesmo tempo, aceitá-los, por constituírem os meios e as formas de uma sociabilidade possível no estágio de técnica alcançado. Por isso se faz necessário re-significá-los socialmente.

Precisamos negar o dinheiro, na sua característica de acumulação pessoal desenfreada, mas aceitá-lo como elemento do estabelecimento das trocas e das escolhas pessoais de satisfação. Da mesma forma, precisamos negar a mercadoria como instrumento de dominação social (o fetiche da mercadoria), mas, aceitá-la como única forma de utilidade social para satisfação de necessidades sociais ou individuais. Precisamos, por fim, negar o Capital e sua busca infinita por acumulação, mas, ao mesmo tempo, aceitá-lo como produtor de valor econômico, como fim para reproduzir, expandir e modernizar as forças produtivas sociais.

Nessa perspectiva, o desenvolvimento econômico deve ser entendido, em última instância, como o igual atendimento das necessidades sociais de todos os indivíduos de uma sociedade. Essa igualdade no atendimento das necessidades sociais deve, necessariamente, acompanhar o processo de modernização derivado do crescimento econômico e da evolução do progresso técnico a ela associados.

Vimos como a propriedade privada gera acumulação incessante de capital e como este processo amplifica e aprofunda a propriedade privada. Como a associação entre propriedade privada e acumulação representa o cimento da forma capitalista de geração contínua de exploração e desigualdade. E ainda, como a produção capitalista representa uma forma de sociabilidade reificada, distorcida.

Todavia, esse incessante processo de acumulação nos alçou a um grau de desenvolvimento científico tal, que através dele temos a capacidade e a chance de nos reinventar enquanto humanidade. Quem poderia imaginar o computador, os algoritmos, as redes sociais, e tudo mais que realiza o mundo novo da informação e da computação. Nenhuma área da natureza ou da sociedade ficou de fora das transformações desencadeadas por essas novas tecnologias.

Até o momento elas têm sido utilizadas para reforçar, amplificar e perpetuar a forma de sociabilidade e de sociedade que temos. Em uma palavra, elas são as mais poderosas ferramentas já criadas para alavancagem do processo de acumulação capitalista. É a razão mais avançada já produzida pela razão humana. E é justamente nesse clímax das forças produtivas que pode operar uma nova revolução. Porque somente com esse instrumental torna-se possível a superação de comportamentos dualistas, tais como: dominação / dependência, exploração / desigualdade, riqueza / pobreza, exclusão / discriminação.

O que precisamos entender é que toda realidade histórica vivida até hoje teve como base a luta pela existência. O alcance do desenvolvimento da nossa razão parece ainda não ter produzido uma razão da razão humana suficientemente forte para eliminar essa contradição. Talvez porque, como antes afirmado, somente tenhamos atingido a capacidade material para tal feito nessa etapa do desenvolvimento histórico.

Apenas nessa quadra histórica temos as ferramentas produtivas e tecnológicas adequadas, do ponto de vista das informações, do seu processamento, das formas de administração, em todos os domínios que constituem a totalidade social.

Uma consciência realmente social não é compatível com a luta pela existência como observada na natureza. Ou a nossa natureza se torna diferente ou não nos tornaremos realmente humanos (Condição Humana). Dessa forma, a liberdade exigirá um sacrifício monumental: a negação de nossa primeira natureza, fundada na luta pela existência e transportada para a sociedade como luta de classes.

Parece paradoxal falar ao mesmo tempo em liberdade e sacrifício. Mas, se por liberdade entendermos que todas as Pessoas são semelhantes, são irmãos, possuem as mesmas necessidades, do ponto de vista social, a única forma de liberdade que podemos conceber seria a da equivalência econômica, entre cada um e entre todos.

Qualquer forma de propriedade privada que promova a acumulação individual incessante, é por si só incompatível com a liberdade. É, nesse sentido, que a liberdade exige sacrifício e, nesse sentido também, que o processo de humanização exige uma forma de superar a luta pela existência no seio da sociedade e entre todas as sociedades. Sem essa racionalização, todos os revolucionamentos no capitalismo ou em qualquer outro sistema, talvez nunca permitam a verdadeira emancipação humana.

A partir dessa consciência poderemos estabelecer nossa luta. A luta de classes finalmente se tornará clara. Ela já existe em todos os lugares da nossa vivência diária; em casa, no trabalho, na escola, no restaurante. Quando em um restaurante sofisticado a pessoa que está sendo servida recebe, por exemplo, R$ 20.000,00 mensais, e o garçom que está lhe servindo recebe um salário mínimo, R$ 1.100,00, ambos possuindo as mesmas necessidades sociais, estamos diante de uma luta de classes. A meritocracia não é um princípio natural, foi uma forma de distinção criada socialmente. As pessoas têm que ser reconhecidas pela sua função social e não pela quantidade de dinheiro que carregam no seu bolso ou que existe na sua conta bancária.

Até o momento, nem as teorias do desenvolvimento econômico, nem o aprofundamento da questão ambiental e suas soluções parcelares, conseguiram chegar ao âmago dessa questão. Justamente porque não tocaram no ponto fundamental: a monstruosidade das relações sociais de produção no capitalismo contemporâneo. É preciso desfazer estes e outros mitos em direção a uma "utopia realizável".

Lutemos para o estabelecimento de nova consciência, de uma nova política, de um novo Estado, de uma nova forma de propriedade, e de uma nova *práxis* social; que em algum momento, torne evidente a equivalência da vida humana em qualquer lugar do planeta. Será um despertar diante dessa grande degeneração, do ponto zero apocalíptico, da possibilidade da destruição do ser e da mãe-terra, será a nossa última revolução: a Revolução Econômica.

Temos que reestabelecer nossa capacidade de luta como classe social. Nós, as Pessoas Comuns temos mais força e capacidade para mudar a sociedade que imaginamos. Somos nós que sustentamos o mundo com o nosso trabalho. Logo, nós podemos também estabelecer novas regras para distribuição do produto social.

A luta de classes está no ar. Precisamos concretizá-la nas nossas relações sociais. Precisamos de novas leis para uma nova sociedade. E quais seriam essas leis?

Uma primeira lei a ser aprovada é a da extinção do salário mínimo e da aprovação de rendimentos iguais, independentemente da função exercida, por toda e qualquer empresa.

Uma segunda lei deve alterar a contabilidade das empresas para que o excedente, que não seja para ampliação ou modernização, tenha uma destinação social, depois de equiparadas as remunerações de todos os funcionários.

Uma terceira lei deve equiparar as remunerações monetárias de todos os empregos públicos, em todos os poderes e órgãos de governo.

Uma quarta lei deve estabelecer uma nova administração pública. Ela deve instituir que o poder executivo (seu comando) seja exercido por um Conselho Social (perfeitamente concebível no atual estágio do desenvolvimento tecnológico), eleito pela sociedade. Deve estabelecer, ainda, que os Órgãos do executivo (ministérios e secretarias) serão constituídos exclusivamente por funcionários de carreira, e que o comando dos mesmos não se constituirá em cargo político a ser indicado pelo comandante do executivo. O comando desses Órgãos também deve ser exercido a partir de Conselho, eleito pelos funcionários do respectivo Órgão, e no qual o comando do executivo também será representado.

Somente pela luta de classes daremos fim à luta pela existência e alcançaremos uma sociedade sem classes. Uma sociedade livre de dominação, exploração, expropriação e alienação entre raças, gêneros e nações.

6. Referências

HIRSCHMAN, Albert O. As paixões e os interesses: argumentos políticos a favor do capitalismo antes do seu triunfo. Rio de Janeiro: Record, 2002.

HOBSBAWM. Eric J. Da Revolução Industrial inglesa ao imperialismo. 5ª ed. Rio de Janeiro: Editora Forense Universitária, 2009

LESLIE, T. E. Cliffe. The political economy of Adam Smith. London: **Fortnightly Review**, november 1, 1870. Disponível em: https://socialsciences.mcmaster.ca/~econ/ugcm/3ll3/leslie/leslie01.html

MARX, Karl. O capital: crítica da economia política. Livro I: o processo de produção do capital. 2ª ed. São Paulo: Boitempo, 2017a.

_____. O capital: crítica da economia política. Livro III: o processo global da produção capitalista. São Paulo: Boitempo, 2017b.

RICARDO, David. Princípios de Economia política e tributação. São Paulo: Abril Cultural, 1982. (Os economistas)

ROTHSCHILD, Emma. Sentimentos econômicos: Adam Smith, Condorcet e o Iluminismo. Rio de Janeiro: Record, 2003.

SMITH, Adam. A riqueza das nações: investigação sobre sua natureza e causas. São Paulo: Editora Nova Cultural Ltda, 1996. (Os economistas, vol. I)

TEIXEIRA, Francisco José Soares. Trabalho e valor: contribuição para a crítica da razão econômica. São Paulo: Cortez Editora, 2004.

www.ingramcontent.com/pod-product-compliance
Lightning Source LLC
Chambersburg PA
CBHW030443220526
45464CB00006B/2397